安徽省高校思想政治工作中青年骨干队伍建设项目，项目号：sztsjh2019-8-35

2017 年度教育部人文社科研究青年基金：革命、女权与传统视域下的华中根据地婚姻习俗变迁研究（项目号：17YJC770031）

华中抗日根据地、苏皖边区的妇女动员与妇女解放

吴云峰　著

全国百佳图书出版单位
时代出版传媒股份有限公司
黄　山　书　社

图书在版编目(CIP)数据

华中抗日根据地、苏皖边区的妇女动员与妇女解放 / 吴云峰著. —合肥 : 黄山书社, 2020.3

ISBN 978-7-5461-8921-5

Ⅰ.①华… Ⅱ.①吴… Ⅲ.①中国共产党-妇女工作-历史②中国共产党-妇女解放-历史 Ⅳ.①D442.9

中国版本图书馆 CIP 数据核字(2020)第 044996 号

华中抗日根据地、苏皖边区的妇女动员与妇女解放

HUAZHONG KANGRI GENJUDI SUWAN BIANQU DE FUNV DONGYUAN YU FUNV JIEFANG

吴云峰 著

出 品 人 贾兴权
责任编辑 秦矿玲
责任印制 李 磊
装帧设计 熙宇文化
出版发行 时代出版传媒股份有限公司(http://www.press-mart.com)
黄山书社(http://www.hspress.cn)
地址邮编 安徽省合肥市蜀山区翡翠路 1118 号出版传媒广场 7 层 230071
印 刷 永清县晔盛亚胶印有限公司
版 次 2020 年 5 月第 1 版
印 次 2021 年 11 月第 2 次印刷
开 本 700mm×1000mm 1/16
字 数 150 000
印 张 9.5
书 号 ISBN 978-7-5461-8921-5
定 价 36.00 元

服务热线 0551-63533706

销售热线 0551-63533761

官方直营书店(https://hsssbook.taobao.com)

目　录

前　言 …………………………………………………………… 001

绪　论 …………………………………………………………… 001

一、研究对象与地域范围的界定 ………………………………… 001

二、近年来的研究动态 …………………………………………… 002

三、对未来研究的展望 …………………………………………… 006

第一章　动员与解放：以淮北抗日根据地妇救会为中心 ………… 008

一、妇女动员的必要性 …………………………………………… 008

二、妇救会的组织 ………………………………………………… 010

三、妇女自身的解放 ……………………………………………… 016

四、妇女性别角色与活动空间的变化 …………………………… 020

五、妇女动员过程中性别、传统与国家的冲突 ………………… 024

六、小结 …………………………………………………………… 028

第二章　抗战与民生:淮北抗日根据地的妇女纺织运动 ………… 029

一、妇女纺织运动的缘起 …………………………………………… 029

二、妇女纺织运动的开展 …………………………………………… 031

三、妇女纺织运动中的问题及对策 ………………………………… 035

四、妇女纺织运动的意义 …………………………………………… 044

五、小结 ……………………………………………………………… 047

第三章　苏皖解放区"土改"中的妇女动员 …………………… 048

一、动员妇女参加"土改"的必要性 ……………………………… 048

二、"土改"中妇女的作用 …………………………………………… 049

三、女性参加"土改"的困难与顾虑 ……………………………… 054

四、克服困难与顾虑的办法 ………………………………………… 056

五、小结 ……………………………………………………………… 060

第四章　淮北抗日根据地的抗属优待工作 ……………………… 061

一、抗属的生存状态与优待抗属的必要性 ………………………… 061

二、淮北抗日根据地优待抗属工作的措施 ………………………… 064

三、淮北抗日根据地优抚工作的经验 ……………………………… 070

四、乡村传统对抗属优待政策的制约 ……………………………… 074

五、小结 ……………………………………………………………… 078

第五章 华中根据地对传统婚姻习俗的改造 …… 079

一、根据地创建之前的婚姻习俗 …… 080

二、华中根据地对传统婚俗的改造 …… 089

三、婚姻变革的影响 …… 109

四、问题与不足 …… 114

五、小结 …… 115

第六章 革命、传统与乡村社会:苏皖解放区婚姻习俗变革 …… 116

一、革命的婚姻政策对传统婚俗的冲击 …… 117

二、婚俗变革中的冲突和制约 …… 119

三、婚姻政策的调适办法 …… 128

四、小结 …… 133

参考文献 …… 134

后 记 …… 140

前　言

实现妇女解放，是中共民主革命的应有之义，女性也是民主革命的重要参与力量。近年来，我一直关注中共根据地的研究，尤其是华中抗日根据地。本书围绕华中抗日根据地及苏皖边区的妇女动员、妇女解放这一主题，对妇救会与妇女动员、妇女纺织运动、“土改”中的妇女动员、抗属优待工作、根据地婚姻习俗的改造等问题进行了探讨。

本书内容包括6章。第一章《动员与解放：以淮北抗日根据地妇救会为中心》论述了淮北抗日根据地的妇救会开展妇女动员的方法，阐明了妇女运动的开展对妇女身体、思想文化解放和家庭地位提升的意义，总结了新式妇女在抗战中的作用及妇女动员过程中性别、传统与政权之间的冲突。第二章《抗战与民生：淮北抗日根据地的妇女纺织运动》考察了淮北抗日根据地为了打破敌伪对布匹的封锁，解决民众穿衣问题而在妇女中倡导的纺织运动，论述了推行纺织运动的方法及其过程中遇到的难题，分析了根据地克服困难，顺利开展纺织运动的对策。第三章《苏皖解放区“土改”运动中的妇女动员》论述了苏皖解放区的妇女在“土改”过程中参加诉苦、清算浮财、拥军、优属、支前等方面的作用，同时也分析了妇女参加“土改”的困难与顾虑，考察了根据地克服妇女参加“土改”运动遇到的困难的办法。第四章《淮北抗日根据地的抗属优待工作》对淮北抗日根据地抗属的生存状态和优待抗属的必要性进行了分析，列举了根据地优待抗属的措施，总结了根据地优待抗属的经验，同时对制约优待政策实施的一些乡村传统思想观念进行了论述。第五章《华中根据地对传统婚姻习俗的改造》用丰富的案例分析了抗战爆发前民众的婚姻习俗、华中根据地对传统婚姻习俗的改造及婚姻变革的影响，较为宏观地研究了该地区婚姻习俗的巨变。第六章《革命、传统与乡村社会：苏皖解放区婚姻习俗变革》则侧重论述解放区在推行婚俗变革中遇到的性别与革命、乡村习俗等因素的冲突及民众对新式婚姻的政策应对，分析了解放区对婚姻习俗变革中冲突的调适办法。

妇女解放、婚俗变革是社会史的热点问题，研究价值较高，在革命与战争的剧烈社会变革中，女性的角色与作用是怎样的？根据地、解放区的婚姻习俗发生了怎样的变革？传统的婚姻习俗，哪些变化了？哪些被保留、延续下来了？了解这些问题，有助于我们更好地认识根据地的日常生活史。

历史学的研究，任何结论都需要建立在坚实的史料基础上。传统革命史的研究，社会生活不是被关注的重点，史料也比较分散。本书在写作过程中，除了使用根据地的史料汇编中关于妇女解放、婚姻习俗的文件、法令之外，还利用了大量根据地的原始报纸、期刊，使用了方志中关于婚俗的有关记述。

本书的写作，除了运用史学的基本方法之外，还运用了“新革命史”的方法，既关注革命对传统的改造，也关注传统对革命的制约，如妇女动员、妇女解放政策推行过程中与传统习俗的矛盾。华中抗日根据地、苏皖边区颁布的妇女解放政策、婚姻法令确实让传统的婚姻观念、性别秩序发生了动摇，但是革命政策的推行也遇到了一系列的冲突和制约。本书的撰写注重革命与乡村社会的关系，如中共号召妇女参加纺织运动，却受到种种乡村传统观念的困扰；妇女在参加妇救会的过程中，也往往受到其丈夫或家人的反对；“土改”过程中关于男女财产平等的规定在乡村社会的实际操作执行中会遇到不少阻力，与男性单系继承的民间习俗不太一致。本课题在研究过程中，比较重视普通女性的主体性。女性在民众动员中并非被动的角色，不能否认，妇女在拥军、生产、“土改”等运动中虽然积极参与，但也有她们的顾虑，如对家人伤亡、缺乏劳动力的担忧，如何解除她们的顾虑，需要经过艰苦的动员。不同阶级、阶层的女性面对革命的浪潮，都会做出不同的选择，如“土改”中，一些地主、富农的女眷将婚姻作为规避斗争、清算的手段。社会动员、社会改造的法令、政策从制定到为民众所接受、落实，并非一帆风顺，需要经过不断的调适。

中共的革命走的是农村包围城市的道路，根据地主要建立在乡村，中共革命队伍的主力是农民。本书在写作过程中，引用了不少革命报刊、档案的资料，不少文字都出自农民和中共基层干部，其中不乏方言、俚语，为了保持史料的“原汁原味”，体现中共革命的乡土特色，本书对这些文字一概保留，为了读者阅读方便，在有一些不好理解的文字后面作了说明。中共革命历程中形成的报告、文章虽带有明显的乡土特色，但这也许是中共能接近民众，发动民众，进而取得革命胜利的原因之一吧。

绪 论

一、研究对象与地域范围的界定

妇女解放是中国共产党民主革命的应有之义，同时，妇女群体也是中共革命的重要参与者。根据地的女性、婚姻、家庭问题是学术研究的热点问题。中共在抗日根据地、解放区如何实现妇女动员与妇女解放？在战争与革命的环境下，妇女的生活、地位有何变化？性别与革命、传统之间的关系是怎样的？这些都是值得研究的课题，具有较高的学术价值。

华中抗日根据地是全面抗战时期由新四军、八路军协同创建的敌后抗日民主根据地，包括淮北、淮南、皖江、苏北、苏中、苏南、浙东、鄂豫边区等8块根据地。其地域范围居于江淮河汉之间，东濒黄海、东海，西至武当山山脉及汉水流域，南迄浙赣线，北至陇海铁路。抗战胜利后，中共中央提出了“向北发展，向南防御”的战略方针，从新四军抽调8万兵力到山东和冀东，并将新四军浙东、苏南、皖江等地部队北撤到江北、皖东等地。

1945年10月29日，苏中、苏北、淮南、淮北4个解放区参议会、行政领导干部和地方开明士绅在淮阴举行联席会议，决定成立统一的苏皖边区政府。其所辖地域，南到长江，北抵陇海铁路，东至黄海，西迄涡河、裕溪口一线。全区总面积9.5万余平方千米，人口约2500万。

本书所涉及的论题包括妇救会在妇女动员与妇女解放中的作用，妇女纺织，“土改”中的妇女动员，抗属的生活，对婚姻习俗的改造，婚俗变革中革命、传统与乡村社会的关系等,属于妇女史研究的范畴。考察的范围在华中抗日根据地和苏皖边区(苏皖解放区)之内,由于资料及精力所限,本书没有对该区域内的所有战略区进行全面论述,而是依据掌握史料的多寡,在论述某一具体问题时以其中的某一战略区或特定的历史阶段来考察。

二、近年来的研究动态

1. 关于根据地的妇女动员

论述根据地对妇女进行生产动员的有刘琳的《晋绥抗日根据地妇女纺织运动研究》(太原理工大学2019年硕士论文),该文认为妇女纺织运动与大生产运动齐头并进,为抗战的胜利奠定了坚实而稳定的物质基础。妇女纺织运动是中国共产党开展经济建设工作与妇女解放工作的又一阶段性胜利,妇女纺织运动的辉煌成绩既是根据地经济复苏发展的强劲推手,又是农村妇女实现自身解放的有力砝码。

宋弘的《晋察冀抗日根据地的妇女自卫队》(《党的文献》2019年第2期)一文论述了晋察冀抗日根据地妇女自卫队组建的原因及意义,介绍了组建妇女自卫队的策略,列举了妇女自卫队在扰敌、破路、锄奸、送信、运输、生产等方面发挥的作用。作者认为妇女自卫队是中共民众动员的一个成功实例。

王微的《树典立英:华北抗日根据地女劳动英雄的形塑》(《中华女子学院学报》2017年第5期)论述了共产党在华北抗日根据地通过树立女劳动英雄的办法动员参与革命。她认为,中国共产党在华北控制区通过制定选拔标准、营造各类仪式以及规定奖励方式,形塑了一批劳动女英雄。当选的妇女劳动英雄不仅劳动功绩突出,而且在激励乡村妇女参加生产、支援战争物资等政治方面亦表现突出。妇女劳动英雄的形塑与宣扬对根据地生产、社会风气改善及革命支持等方面均起到良好的示范作用。但该群体在乡村社会中认同度不高及自身工作能力欠缺等问题亦不容忽视。

2. 关于根据地的婚姻变革

论述根据地对传统婚姻改造的有傅建成的《论华北抗日根据地对传统婚姻制度的改造》(《抗日战争研究》1996 年第 1 期),该文列举了根据地建立之前的传统礼俗及根据地婚姻法规对旧制度的改造。岳谦厚、王斐的《妇救会与中共婚姻变革的实践——以华北革命根据地为中心的考察》[《中北大学学报(社科版)》2015 年第 2 期]一文认为华北根据地的妇救会运用各种方法宣传新婚姻观、调解家庭纠纷,为将妇女从旧式婚姻中解放出来做出了重要贡献,然而,由于历史局限性以及妇救会干部自身素质等,出现了一些不合理的工作方式,也影响了妇女解放运动的充分开展。徐静莉的《婚姻自由原则背后的矛盾冲突——抗战根据地婚姻变革的分析》(《晋阳学刊》2006 年第 3 期)一文认为婚姻制度的变革不是新旧观念之间的简单变化,而是包括经济、政治、文化条件等社会制度的变革,婚姻自由原则在实践中遇到很多困难,引发了不少新的社会矛盾,不是靠改变婚姻观念就可以实现的。王亚莉的《旧习俗与新观念:陕甘宁边区的婚俗"革命"》[《太原理工大学学报(社科版)》2019 年第 4 期]一文指出陕甘宁边区政府把婚姻制度改革与社会进步紧密联系起来,工作人员在批判以包办婚姻为主的传统婚姻陋俗与倡导男女平等自愿的新式婚姻过程中给当地民众带来了新的意识形态和生活观念。她认为,边区婚姻习俗的政治改造浓缩了妇女生活变迁性、社会性和革命性的特征,折射出中共在战争和革命中能够取得成功的关键因素之一是婚姻问题的合理解决。杨豪的《"另类"之相:华北根据地"非婚关系"问题新探》(《史学集刊》2019 年第 3 期)一文认为"非婚关系"历来是华北根据地各级政权社会治理的重点所在,但在社会经济结构尚未完全改变之前,传统的客观存在与主观意识依然是影响乡村民众行为选择的基本逻辑,再加上身体的象征性与资本化,以及婚姻政策执行过程中的一些偏差,使

得华北根据地的“非婚关系”问题一直无法得到彻底解决。传统、身体、政策与“非婚关系”问题相互纠结、共同作用,折射出妇女解放事业任重道远。

论述抗日根据地家庭关系的有张志永、延凤宇的《政治与伦理的统一:华北抗日根据地和睦家庭的建设》(《河北师范大学学报》2009年第3期),该文指出,抗战初期,华北抗日根据地妇女运动中出现了政治与伦理相分离的问题,用粗暴的方式解决家庭纠纷,形成了妇女主义的偏向,激化了性别矛盾和代际冲突。1939年后,华北根据地开展了家庭和睦建设运动,把政治取向融于伦理情谊之中,改良家庭关系,既从家庭束缚中解放了妇女,又巩固了农民阶级的统一战线。

研究抗日根据地离婚问题的有岳谦厚、罗佳的《抗日根据地时期的女性离婚问题——以晋西北(晋绥)高等法院25宗离婚案为中心的考察》(《安徽史学》2010年第1期),该文认为《晋西北婚姻暂行条例》颁布后,根据地婚姻观念及婚姻状况呈现出了新景象。中共对抗日军人婚姻实行特殊保护,关系到军队的稳定和根据地的利益。离婚能否变成事实的自由,须考察离婚过程中所涉及的各种相关机构。离婚案件的增多和婚姻关系的大量解除说明了中共推行的妇女解放取得了成就。江沛、王微的《传统、革命与性别:华北根据地“妻休夫”现象评析(1941—1949)》[《四川大学学报(哲学社会科学版)》2014年第3期]认为华北各根据地新婚姻法颁布后,“妻休夫”现象剧增,但中共倡导的现代婚姻理念却与乡村文化空间与经济环境相抵触。当离婚受挫时,女性以各种方式挑战旧有的婚姻与伦理体系。由于离婚过多影响家庭、社会秩序甚至军心,中共不得不在事实上调整婚姻政策,努力缓和两性冲突,以减少婚姻变革的负面影响。岳谦厚、张婧的《抗日根据地及解放区女性婚姻关系解体时的财产权》(《中共党史研究》2015年第3期)一文认为中共对不合理的家庭制度进行了改造,更加照顾女性在婚姻解体时的财产权,但在社会制度未曾发生彻底变化的情势下，男女婚姻家庭财产平等权不会完全实现。

研究女性家庭地位的主要有杜清娥、岳谦厚的《太行抗日根据地女性婚姻家庭待遇及其冲突》(《安徽史学》2016 年第 3 期)，该文认为新婚姻法规虽然提高了妇女在婚姻家庭中的地位，解除了婚姻问题上的痛苦，但频仍发生的家庭纠纷与日益增多的解约离婚案件亦造成了根据地在婚姻家庭管理上的混乱，中共不得不立足于法制与现实的平衡之中。

关于根据地军婚保护的研究主要有岳谦厚、徐璐的《抗战时期陕甘宁边区的军婚问题》(《晋阳学刊》2014 年第 1 期)，该文认为陕甘宁边区政府在保护军人利益的同时会不可避免地违背婚姻自由的原则，边区政府为解决军婚中存在的问题和矛盾，采取了一系列积极措施，并取得了良好的效果。岳谦厚、杜清娥的《华北革命根据地的军婚保护制度与实践困局》(《安徽史学》2015 年第 1 期)一文认为军婚纠纷处理既要考量前线战士的军事积极性，又要关切军人配偶的生产、生活、生理需求，既要兼顾婚姻立法中所体现的"婚姻自由"原则，又要遵循一切服务于战争的总方针，因此无可避免地陷入了立法规范与司法实践的困局。

3. 根据地妇女的生活状态变迁

从妇女生活的角度来研究根据地女性的有秦燕、岳珑的《走出封闭——陕北妇女的婚姻与生育:1900—1949》(陕西人民出版社 1997 年版)，该书研究了陕北近代至边区时期婚姻形态和婚姻礼俗的具体内容及其演变，家庭婚姻中的男女两性关系，妇女在婚姻和家庭生活中的活动和地位，妇女的生育活动和生育观念，边区政权建立以后妇女在婚姻、生育方面发生的变化。王克霞的《革命与变迁——沂蒙红色区域妇女生活状况研究:1938—1949》(山东大学出版社 2011 年版)一书论述了沂蒙地区妇女的生存环境、身体印记、婚姻生活、政治实践、经济参与、文化启蒙、社会意识等，全面反映了该地区在革命年代妇女生活的变迁。岳谦厚、王亚莉的《女性·婚姻与革命——华北及陕甘宁根据地女性婚姻问题研究》(中国社会科学出版社 2018 年版)一书论述了根据地妇女婚姻习俗从旧道德到新风俗的变迁、战争与军婚、政治仪式与日常生活。

4. 海外学者对该问题的研究

西方论述中国妇女解放与婚姻家庭制度的论著主要有凯·安·约翰逊(Key Ann Johnson)的 *Women, Family and Peasant Revolution in China*(Chicago: University of Chicago Press, 1983),该书认为,中国妇女问题没有得到根本解决的原因在于未能认真执行妇女解放的各项政策,除井冈山时期曾推行过婚姻法外,从未将解放妇女当作中心工作来抓。日本学者小野和子的 *Chinese Women in a Century of Revolution* 1850—1950(Stanford: Stanford University Press, 1989)认为,中国阶级与民族矛盾的尖锐远远超过两性之间的对立,而中国妇女的解放又往往是通过大的社会变革取得的。朱迪思·斯泰西(Judith Stacey)的 *Patriarchy and Socialist Revolution in China*(Berkeley: Berkeley University Press, 1983)一书研究了共产党的政策对中国家庭结构的影响。

近年来也有学者对西方学者的主流观点提出了反驳。丛小平《从"婚姻自主"到"婚姻自由":20 世纪 40 年代陕甘宁边区婚姻的重塑》(《开放时代》2015 年第 5 期)一文认为,中共在 20 世纪 40 年代调整革命根据地的婚姻政策,不仅适应了陕甘宁边区的社会文化生态,而且更加有利于法律实践。

三、对未来研究的展望

近年来学者们对中共领导的根据地的妇女动员及妇女解放问题的研究成果颇多,涉及的领域包括生产劳动、武装斗争、婚姻变革、妇女地位、抗属优待等,这些论题的研究使根据地的社会生活展现得更为细致,也使中共妇女动员政策、措施的研究更为深入,但学术的发展进步是永无止境的。

首先,在史料的拓展上,由于妇女、婚姻家庭等问题属于社会生活史范畴,传统的资料汇编、文献记述还是相当有限的,可以进一步挖掘报纸、文集、回忆录等史料,还可以利用口述访谈资料,以展现妇女解放与社会变革的实态。

其次,在研究视角上,传统的“政策—效果”模式、“压迫—解放”模式将复杂的社会变革过程简单化了。这在一定程度上遮蔽了中共推行社会变革的复杂性与艰巨性,忽略了传统社会与革命政策的关系,在推行社会变革中遇到的困难、障碍和教训。因此在研究中需要关注革命政策与具体实践的互动关系。此外,还要多从普通民众的视角来考察妇女动员与妇女解放,关注作为参与者的女性自身的体会与感受。要将社会改造的措施与乡村社会的传统、经济生活联系起来考虑问题。要将传统与现代、中国与西方进行比较,分析中国近代妇女解放的特殊路径。

最后,在研究方法上,除了史学的基本方法外,还需要利用人类学、社会学、经济学、性别史等方法,从而揭示性别、革命、传统之间的复杂关系。

第一章 动员与解放：以淮北抗日根据地妇救会为中心

淮北抗日根据地是由新四军第六支队创建的敌后根据地，也是华中抗日根据地的八个战略区之一，南迄淮河，北抵陇海线，东临运河，西至新黄河。淮北抗日根据地开展了广泛的民运工作，其中妇女工作是其重要内容，妇救会是开展妇女运动的主要形式。在开展妇女运动过程中，妇女解放与民族解放的关系如何？妇救会如何组织？妇女的性别角色发生何种变化？对妇女群体有何影响？在妇女动员过程中，性别、传统习俗、革命之间产生了怎样的互动关系？通过对这些问题的思考，有利于我们认识近代妇女解放的过程。传统革命史观的“压迫—解放”模式掩盖了妇女本身在女权运动中的能动作用，近年来，一些学者用女权与革命互动的视角来研究根据地的妇女运动①，但对华中抗日根据地妇救会的研究还比较薄弱。

一、妇女动员的必要性

1. 民族国家建构的需要

全面抗战爆发后，必须动员全社会的力量才能争取抗战的胜利。而妇女也是中共动员的重要力量。毛泽东在《妇女们团结起来》的报

①近年来关于抗日根据地妇救会研究的成果主要有范红霞的《战争、妇女与国家——以华北抗日根据地农村妇女角色建构为中心》[《山西师范大学学报(社科版)》2015 年第 4 期]，王微的《传统、革命与性别视域下的华北妇救会》(《中共党史研究》2015 年第 2 期)，岳谦厚、王斐的《妇救会与中共婚姻变革的实践——以华北革命根据地为中心的考察》[《中北大学学报(社科版)》2015 年第 2 期]。

告中指出："世界上的任何事情，要是没有女子参加，就做不成气。我们打日本，没有女子参加，就打不成；生产运动，没有女子参加，也不行。无论什么事情，没有女子，都绝不能成功。"①淮北区党委书记邓子恢曾论述了妇女在抗战中的重要性："首先妇女运动能给予战斗勤务以直接帮助，如一般的慰劳、募捐、洗衣、救护、侦察等。……帮助部队的扩大与巩固。假如我们的妇女工作做得好，会直接影响到我们的扩军工作。……妇女参加生产，增加抗战自愿，尤为今后抗战中的重要一环。"②虽然参军打仗的主要为青年男性，但女性在农业生产、慰劳、支前等方面能够配合抗战。淮北根据地创建后，开展了广泛的民众运动，组织了农救会、妇救会、青抗会等团体。妇女动员对于民族国家构建的意义十分重要。淮北苏皖边区行政公署的报告《淮北苏皖边区 1938 年—1941 年群众工作概况》提道："目前妇救组织是普遍了全边区，连洪泽湖也组织了七十个妇救会员，同时妇救组织是包括了各个阶层，其中以贫农为最多，一万九千九百九十五人中有八千九百八十五人，约占半数不到，分布在十五个区，四十四个乡，一百一十五个保中，拿这一个数量与农救相比，占农救会员的七分之二。"③淮北抗日根据地充分认识到了妇女对于抗战和根据地建设的意义。

2. 妇女解放的需要

妇女解放与民族、国家建构是"互动与同构"的关系。革命和战争为妇女解放提供了难得的契机，妇女也为革命提供了动力。中共在二大时即制定了《关于妇女运动的决议》，把妇女解放作为理想社会构建的奋斗目标之一。新四军游击支队副司令员吴芝圃说："妇女有两种

---

①中共中央文献研究室编：《毛泽东文集》第 2 卷，人民出版社 1993 年版，第 167 页。

②北京新四军暨华中抗日根据地研究会淮北分会、江苏省泗洪县新四军历史研究会编：《邓子恢淮北文稿》，人民出版社 2009 年版，第 30 页。

③豫皖苏鲁边区党史办公室编：《淮北抗日根据地史料选辑》第 3 辑第 1 册，内部资料 1984 年，第 123 页。

苦,一种是过去(旧社会的)男人从不把我们当人看,不能赶集上店,男人能随便花钱,女人便不能,愿意骂就骂,愿意打就打,男人可以继承家业,女的便不能。第二种苦是外国人来糟蹋我们的女同胞,飞机炸,捉住活的用刺刀穿,你说可恨不可恨?"①华中妇女代表大会提出:"妇女是群众,而且为数占人口一半,她们最痛苦,最受压迫,她们要兴的利除的弊特别多,迫切要求解放。"②淮北行署主任刘瑞龙在妇女干部会上的总结报告中讲:"应该认识中国存在着二万万以上被压迫剥削的妇女,这些妇女迫切要求解放。共产党是担负了领导他们的责任,共产党革命事业的成功是依靠了这些妇女,如果不能争取她们,我们即不能争取群众的大多数,我们的革命运动会推迟,我们个人的解放会落空。"③1941 年 9 月 21 日颁布的《淮北行署施政纲领》第十条确定了男女平等的原则。"确定男女平权,提高妇女在政治上、经济上、社会上之地位。保护女工、农妇、儿童,禁止蓄婢,禁止虐待童养媳,废除买卖婚姻,实行双方自愿的一夫一妻的婚姻制度。"④淮北抗日根据地把妇女解放当作施政的重要目标。

二、妇救会的组织

1. 组织的方式与途径

要把生活于传统社会家庭的妇女组织起来,参加抗战建设并非易事,需要一定的策略、机制。在淮北抗日根据地,妇救会动员组织的口号有"①妇女要不受欺侮,只有组织起来。②妇救会是妇女申冤诉苦

---

①中共永城县党史资料征集编纂办公室编:《中共永城县党史资料选》第 3 册,1984 年内部编印,第 84—85 页。

②中华全国妇女联合会妇女运动历史研究室编:《中国妇女运动历史资料(1945. 10—1949. 9)》,中国妇女出版社 1991 年版,第 41 页。

③豫皖苏鲁边区党史办公室编:《淮北抗日根据地史料选辑》第 3 辑第 1 册,内部资料 1984 年,第 278 页。

④中共安徽省委党史工作委员会编:《淮北抗日根据地》,中共党史出版社 1991 年版,第 74 页。

说公道话的地方。③妇救会是好的妇女联合起来管坏人的机关。管什么坏人呢？a. 管坏媳妇打骂婆婆、丈夫。b. 管坏婆婆打骂媳妇。c. 管坏的丈夫打骂老婆。④女光棍风流人不能参加妇救会。⑤妇救会员的家庭要和和气气，互相帮助。⑥参加妇救会，帮助打鬼子，领了会员证，证明是好人"①。

基层男性干部是妇女组织成立的中介。在组织方式上，采取自上而下与自下而上相结合的方式来组织妇救会。如在淮北根据地，妇救会的组织方式就包括以下几种："（1）首先召集全保农救干部会议，由我们同志说明妇女工作的重要，以及对他们本身有什么好处，希望他们怎样帮助和配合，然后再具体介绍，讨论出保妇救主任和小组长的名单，再分配到各小组，动员各小组的妇女；另一方面我们即按名单去个别访问宣传、解释，挑出好的妇救会干部后，即召集保妇女大会，成立保妇救会和小组……并在大会上布置了实际问题的讨论和解决。（2）在村庄较散、农救基础较差的地方，以庄（或邻近村庄）为单位召集农救干部和行政干部联席会议，（采取）讲话讨论等方式，所不同的是先成立小组，然后成立保妇救会。（3）召集农救干部会，说明妇女工作的重要以及和他们本身的关系，使他们动员自己家中的母亲、老婆、姐妹来开会，男女分开两边坐着，首先讲的妇救会的道理和农救怎样帮助妇救工作，然后征求男的赞成他们的老婆来参加妇救会，女的也同意后，再共同讨论出干部，编小组，成立妇救会。"②在半城区，妇女工作是这样开展起来的："先开乡、村、组级干部研究动员会，转变干部对妇女工作不正确认识，保证干部家属到会；再开村民会，动员各户长，说些大道理和成立妇救会的好处，一方面由行政通知户户要到，人

①豫皖苏鲁边区党史办公室编：《淮北抗日根据地史料选辑》第3辑第1册，内部资料1984年，第63—64页。

②豫皖苏鲁边区党史办公室编：《淮北抗日根据地史料选辑》第3辑第1册，内部资料1984年，第65—66页。

人参加。……要动员有信仰的和干部家妇女到会,其余就可不请就来了。如新集村开妇女会一开始拉也拉不动,后来我们叫女代表赵士荣家参加,春燕妈妈就跟着参加了,后来她们把锄头一丢,都三五成群来到大树底下开会。"[①]妇救会作为妇女解放的外来组织,要想在乡村社会存在,必须借助于共产党在农村的主要支持者——男性农民和基层干部的推动,这说明了中国乡村的妇女解放缺乏原生的动力,或者说是一种"植入式"的解放。

无论通过哪种方式,妇救会在组织成立的时候往往离不开基层男性干部的支持,可以看出,根据地妇女解放的组织——妇救会的使命不仅仅是性别革命,她们更多是民族解放和阶级革命的同盟者。泗阳县联救曾在1943年召开纺织事业推广座谈会,杨副县长表示:"首先动员自己的妻女参加纺织,在这样影响下大家都有信心完成任务。"[②]张念认为在近代中国"女性解放的实质即政治赋权,被表述为反抗压迫,女性解放在更广阔的层面,被纳入了民族解放的轨道之中"[③]。

上层与老年妇女——妇女运动的突破口。在发动的对象上,首先抓住上层妇女与老年妇女。邓子恢在《淮北第一次妇女工作会议上的报告》指出:"首先要抓住上层或者老年的妇女(但如果是为一般妇女所仇恨的人是不适宜的),开明的老年妇女是比较好的,因为不会惹人怀疑,别的妇女也就敢于接近。"[④]当然,发动的主体是广大的劳动妇女。邓子恢要求"必须面向劳动妇女,面向青年妇女,绝不要停在老太婆与上层妇女上面"[⑤]。庄严在《怎样开展妇女工作》的报告中建议:"干部可多接近

①庄严:《怎样开展妇女工作》,《拂晓报》1944年6月27日,第4版。

②《泗阳试办纺织,七天组织纺车四百架》,《拂晓报》1943年12月16日,第1版。

③张念:《性别政治与国家——论中国妇女解放》,商务印书馆2014年版,第18页。

④北京新四军暨华中抗日根据地研究会淮北分会、江苏省泗洪县新四军历史研究会编:《邓子恢淮北文稿》,人民出版社2009年版,第33页。

⑤北京新四军暨华中抗日根据地研究会淮北分会、江苏省泗洪县新四军历史研究会编:《邓子恢淮北文稿》,人民出版社2009年版,第33页。

年老会员谈话，政府工作和处理有关妇女案件，一定要和她们讨论或征求意见，这样妇救会的威信也就会一天天提高了。”①由于老年妇女在家庭中的地位相对较高，而且不会与乡村习俗相抵触，因此争取老年妇女的参加成为妇救会组织妇女运动的一个突破口。

解决妇女的实际困难与痛苦——发动妇女的激励机制。要吸引妇女加入妇救会，还必须解决她们特殊的痛苦：“抓住她特殊的痛苦来给她解决，使她觉得妇救会予她有好处，可以实现她们的要求。”②淮北抗日根据地的半城区通过反对家庭暴力、维护妇女的经济利益等措施来发动组织妇救会。“如朱台村王作礼打嫂子，杨从金打老婆，全村人都反对，召开妇女大会斗争！新集村胡昌志家六亩地被地主刘汗非占去，在这次反贪污恶霸斗争中弄回，他劝老婆参加妇救会，他的老婆又动员全村老少妇女参加，现她已当选为乡妇救主任了。王台村群众算杨春荫堂私吞公款，算过后我们去组织妇救会，老老少少都参加。二个村会后即发展三百多会员。”③林栅在《淮上妇女干部座谈会》一文中提道：“最易在妇女中建立威信而又最难解决的问题是，替家庭妇女解决家庭纠纷、婆媳间纠纷、丈夫欺侮妻子、买卖婚姻等。”④

2. 妇救会的发展状况

经过组织与发动，淮北抗日根据地的妇救会得到一定程度的发展，1941 年 3 月，怀远县普遍建立了妇抗会：“在组织上，成立怀远县妇抗，在怀远三区四区，凤台的一区二区普遍建立了乡妇抗、保妇抗、妇女小组。更难得的是，凤台成立了一个缝衣队，除了帮助部队缝洗衣

①庄严：《怎样开展妇女工作》，《拂晓报》1944 年 6 月 27 日，第 4 版。

②北京新四军暨华中抗日根据地研究会淮北分会、江苏省泗洪县新四军历史研究会编：《邓子恢淮北文稿》，人民出版社 2009 年版，第 34 页。

③庄严：《怎样开展妇女工作》，《拂晓报》1944 年 6 月 27 日，第 4 版。

④中共怀远县委党史资料征集办公室：《怀远革命斗争史料选编（1919—1949）》，1983 年内部编印，第 116 页。

鞋外,还会做动员妇女和组织妇女的工作。"[①]1941年9月,淮北的泗南、泗东、泗宿、泗五灵凤等地"八个区、十八个乡、七十五个保中有妇救组织,共计有三百八十个小组,一万零九百六十三个会员,二百一十二个党员"[②]。为了统一妇女工作的步调,淮北苏皖边区在1941年9月7日举行了边区各县妇女救国会大会,成立了淮北苏皖边区妇女工作委员会,由杨云芝、朱霞、江成之、高锦云、徐勉一等人负责。1944年10月,淮北路东地委9个县发展妇救会员338883个(1944年10月统计),女民兵12851人。完全普遍有妇救会员的共有58个区、428个乡。[③]

3. 阻力与困扰

妇救会的组织,并非一帆风顺,受到了种种因素的干扰。如传统乡村社会的风俗,经济文化的落后和不正确的工作路线、作风等对妇救会工作的开展都产生消极的影响。

邓子恢认为争取妇女参与政治活动并不容易:"因为妇女参加开会,而他们家庭不允许,他们认为参加工作的是品行不好的妇女,而且有些妇女开始参加工作时往往因为自己是解放了而疯狂起来,甚至闹出许多乱子。"[④]由于传统社会人们对男女关系的看法比较保守,认为男女授受不亲,女子参加工作、外出活动被认为是不守妇道,妇救会要在民间扎根,困难重重。妇女运动的开展受到民间传统习俗的制约。

经济文化的落后,环境的闭塞,使得妇女的思想比较狭隘。"由于妇女过去的环境闭塞,长期的沉重呆板的生活,使她们的思想机械而

①中共怀远县委党史资料征集办公室:《怀远革命斗争史料选编(1919—1949)》,1983年内部编印,第116页。

②豫皖苏鲁边区党史办公室编:《淮北抗日根据地史料选辑》第3辑第1册,内部资料1984年,第63页。

③江苏省妇女联合会、江苏省档案馆合编:《江苏省妇女运动史料选》,1984年内部编印,第260页。

④北京新四军暨华中抗日根据地研究会淮北分会、江苏省泗洪县新四军历史研究会编:《邓子恢淮北文稿》,人民出版社2009年版,第33页。

且麻木，终日只是对自己的鼻子尖下的一点小事物津津有味，喋喋不休。她们不习惯一切新的东西，特别是广大农村妇女，她们对知识分子生疏，不习惯，格格不入；最落后的地方甚至误解，轻视，你苦口婆心地去说服她们，换来的却是嘲笑同冷淡，这自然使我们的女同志常因碰钉子而灰心气冷，没有参加妇女工作的女同志也就望而生畏，却步不前。”①

此外，工作方法的不得当和工作作风的不端正也影响了妇救会对妇女的有效动员。如淮北泗南、泗东等地曾采用“认干娘”的方法来开展妇女工作。“工作的深入，漂浮在地主、富农上层的妇女间，而我们的干部甚至认地主老婆做干娘。”②在妇女干部的选择上存在问题。“对干部不加选择，不是真正的积极分子、对我们有认识的劳动妇女，而是女光棍（五区孙园乡、杜巷保之主任）、不正经的（大德保的小组长）或只会说漂亮话的人，做了我们妇女干部。因而影响了好的劳动妇女参加我们的妇救会。”③这些边缘女性可能作风比较泼辣，在妇女工作的开展中能打开局面，但往往与乡村社会的伦理格格不入，难以得到广大民众的认可。此外，个别妇女干部的生活作风存在问题，影响了老百姓对妇救会的看法。“由于干部的选择不当，工作同志的态度和作风不够尊重（如和男同志随便打骂，不顾老百姓的风俗而住在一个房间等），再加以宣传解释工作较差，因而使老百姓对我们不了解，对我们女同志和妇救会，认为就是那些乱七八糟的罢了。”④

妇女运动与群众利益的脱节也使得妇救会的工作浮于表面。妇

①豫皖苏鲁边区党史办公室编：《淮北抗日根据地史料选辑》第3辑第1册，内部资料1984年，第78页。

②豫皖苏鲁边区党史办公室编：《淮北抗日根据地史料选辑》第3辑第1册，内部资料1984年，第61页。

③豫皖苏鲁边区党史办公室编：《淮北抗日根据地史料选辑》第3辑第1册，内部资料1984年，第61—62页。

④豫皖苏鲁边区党史办公室编：《淮北抗日根据地史料选辑》第3辑，第1册，内部资料1984年，第62页。

救会要吸引妇女的积极参与，不仅需要高举民族主义的旗帜，更要解决妇女切身的痛苦。根据地乡村，妇女的见识都比较浅陋，很难以国家、民族大义的标准来要求她们，如果只要求她们为抗战付出，而不能解决她们的实际困难，妇救会则很难有吸引力。在淮北地区“工作偏重于帮助抗战方面（即仅和她们要的多），未能去解决她们的切身痛苦，但有时解决她们切身痛苦的方式，又是让她们轻易脱离家庭来当女兵，而未顾及要想解除大多数人的痛苦，这不是一个好办法”①。很多受到家庭压迫的女性只是要求妇救会为其撑腰，减少其痛苦，而并非与家庭决裂。在妇女解放的问题上采取过激的做法只会导致群众的不满。

三、妇女自身的解放

传统社会，妇女身心受到封建伦理的束缚，被剥夺了接受文化教育的权利，家庭地位较低。妇救会的建立和妇女运动的开展，使淮北地区的妇女身心获得了解放，妇女的生活出现了有别于传统社会的变化。

1. 身体的解放

传统社会，女性的身体受到多种束缚。淮北根据地新四军第四师政委邓子恢指出：“至于妇女的缠足、束发、耳环等坏风俗，也表示对妇女的束缚。”②在淮北地区，妇女生完孩子就要参加劳动。“生育时间的劳动负担——一般妇女的劳动负担就很重，尤以生了小孩以后的妇女，常因产后两三天即参加重的劳动而累出病来。”③在妇救会的推动

---

①豫皖苏鲁边区党史办公室编：《淮北抗日根据地史料选辑》第 3 辑第 1 册，内部资料 1984 年，第 62 页。

②北京新四军暨华中抗日根据地研究会淮北分会、江苏省泗洪县新四军历史研究会编：《邓子恢淮北文稿》，人民出版社 2009 年版，第 30 页。

③豫皖苏鲁边区党史办公室编：《淮北抗日根据地史料选辑》第 3 辑第 1 册，内部资料 1984 年，第 61 页。

下，淮北根据地的妇女积极追求身体的解放，淮北抗日根据地的女地下工作者秦瑞灵反对妇女裹脚，她自己就是大脚。永城县的徐县长在“三八”妇女会上宣布了放足的办法：“1. 未缠脚的一律不再缠。2. 30 岁以内的一律放足。3. 放足的步骤：宣传半个月，检查是否做到，1 个月还未放足者，罚做鞋两双。两个月仍未放足者，救国会罚她 1 元至 5 元钱作为办女子学校的经费。”①缠足来源于传统社会男性病态的审美观，也是对女性身体的摧残，根据地禁止缠足陋习，使妇女的身体得到了解放。妇女在反缠足的运动中获得了身体解放的愉悦。在妇女大会开会时，“会场上又起了一阵骚动，老太太痛悔五六十年前不该缠脚。大嫂子看着自己水萝卜似的小脚发着愁。唯独年轻的小媳妇、小姑娘们欢欢喜喜地谈着，以后再也不受缠脚的痛苦了”②。

2. 思想文化的解放

传统社会，妇女被剥夺了接受正规教育的机会，所谓“女子无才便是德”。在淮北苏皖边区，“读书识字妇女在文化较发达的淮宝、淮泗亦很少，其他地区更是凤毛麟角，在集镇的大家庭中虽有一二，她们的认识也非常落后，统计整个五区的识字妇女，上过学校的约十多人（大都为顽固派的家属），读过私塾的约二十人，参加我们工作的识字妇女连十人都不到！”③

为了提高根据地妇女的文化水平和思想认识，1941 年 9 月 15 日淮北苏皖边区妇女工会制订了工作计划，决定设立识字班。“凡成立乡妇救会（的乡），开办妇女识字班（完全小学校所在地区可委托他们

①中共永城县党史资料征集编纂办公室编：《中共永城县党史资料》第 3 册，1984 年内部编印，第 84—85 页。

②中共永城县党史资料征集编纂办公室编：《中共永城县党史资料》第 3 册，1984 年内部编印，第 84—85 页。

③豫皖苏鲁边区党史办公室编：《淮北抗日根据地史料选辑》第 3 辑第 1 册，内部资料 1984 年，第 60 页。

办），凡有知识妇女的保村，成立识字小组。”①随着根据地文化教育事业的发展，妇女接受教育的机会不断增多，如泗南管镇区就有女民校75所，每校的人数10余人至30人不等。《淮北路东地委关于冬季妇女教育决议》决定开办冬学、民校及妇女识字班，教育的内容包括“政治、时事、阶级教育、识字、小调、工作、生产”②。通过学习，妇女的思想文化水平得到了提高。通过妇救会的宣传教育，淮北根据地的妇女的权利意识觉醒，积极追求妇女解放和维护社会秩序。“以前，谁知道世界多大？连中国都不知道。成天净想着给女孩裹小脚，给男人缝衣服。唉！女人领着孩子起五更搭黄昏做活，真不算个人。如今，俺不许男人打媳妇。您知道女人顶爱东家长西家短地传话，妯娌们也瞎咕噜（乱说话）。俺们成天话和事，讲团结。那位生活委员夏宝娴老太，七十岁啦！整天领着孙子，东邻西舍去传话劝和。”③

3. 家庭地位的变化

第一，经济地位的变化。传统社会，女性没有财产权，经济上受制于人。在淮北地区，“妇女们因为经济不独立，想买一些针线、鞋袜等都非常困难。有的地方更有这样的风俗，就是新娶来的媳妇婆家三年不管你的穿衣、鞋袜等，因而一些娘家穷的妇女，常因此难为死了”④。由于普通农民家庭都十分贫困，而结婚时男方往往要支付大批彩礼，女方会有一定的陪嫁，因此媳妇在婆家的经济常常是不自由的。根据地号召妇女积极参加生产劳动，使得她们在家庭收入中的作用更加明显，从而提高了其家庭地位。如泗南管镇区自然乡17岁的傅月娥：

①豫皖苏鲁边区党史办公室编：《淮北抗日根据地史料选辑》第3辑第1册，内部资料1984年，第76页。

②江苏省妇女联合会、江苏省档案馆合编：《江苏省妇女运动史料选》，1984年内部编印，第257页。

③中共河南省委党史工作委员会编：《豫皖苏抗日根据地》（二），河南人民出版社1990年版，第423页。

④豫皖苏鲁边区党史办公室编：《淮北抗日根据地史料选辑》第3辑第1册，内部资料1984年，第61页。

“她去年参加了纺织训练班，学会纺织之后，便到乡中去教旁人，从开始到现在教会了一百多人，打破了群众的怀疑，家庭及门旁邻居，也都看到她能纺织，都对她好了，用模范的生产行动，提高了她在家庭与社会的地位。”①

第二，家庭关系的变化。在淮北地区，传统社会年轻妇女受到的家庭压迫较深：“此地妇女除了担负奴隶般的劳动外，还要受婆婆、丈夫的气，尤以童养媳和娘家穷而无人的妇女(为甚)，因打骂受气，而愿意离家庭者颇不少。”②中国传统社会，不是所有的妇女家庭地位都低，往往年轻妇女家庭地位低，受到压迫，但一旦成为母亲和婆婆，她们的地位会有所上升，所谓“母以子贵”，媳妇一旦生了男孩，在婆家的地位会显著上升，孝道也包含了对母亲的尊重；“媳妇熬成婆”，媳妇一旦成为婆婆，又从被压迫者成为压迫者。当然，妇女这种有限的权力是依附于男权的。由此可见，中国的妇女解放与西方有所区别，大家庭的存在，随着妇女由女儿、媳妇变为母亲和婆婆，她们往往从女权的争取者变为男权的维护者。

根据地反对虐待妇女和家庭暴力，主张建立平等和睦的家庭关系。在淮北抗日根据地“杨景乡陶洼保，有一全村都说她不好的坏媳妇，常时骂婆婆，我们同志知道后，遂公开在保妇救会上宣布她的坏处，说这样的人不仅不要她参加妇救会，而且要处罚她，哪知从这次大会后她惧怕得不敢再骂婆婆了，对人也好了。第二天我们同志又去了，她招呼我们同志喝茶，说她不再骂婆婆了，要求参加妇救会”③。“又如崔集乡崔集保有两个童养媳受婆婆、丈夫虐待不能忍受，遂来妇

①《第二届妇女代表大会劳动英雄介绍生产经验》，《拂晓报》1944年3月16日，第1版。

②豫皖苏鲁边区党史办公室编：《淮北抗日根据地史料选辑》第3辑，第1册，内部资料1984年，第60页。

③豫皖苏鲁边区党史办公室编：《淮北抗日根据地史料选辑》第3辑第1册，内部资料1984年，第65页。

救会要求我们留她们下来当女兵，后经我们说明不能留她们当女兵的理由，将她们婆婆叫来严厉指出虐待的不对，而且犯法的，今后假如再这样一定交政府来处罚。”[①]在妇救会的支持下，妇女的家庭地位有所提高，家庭关系更加和睦。淮北半城区反对家庭暴力，提倡家庭和睦。“丈夫打老婆，轻的劝解、批评，或采用斗争方式，重的罚给抗属挑三天水或交政府处分。媳妇骂公婆要赔礼道不是，或开除会籍。不能因参加妇救会不耐生产和讹人！要一家和睦不生纠纷。”[②]

四、妇女性别角色与活动空间的变化

传统社会，男主外，女主内，妇女扮演着贤妻良母的角色，或者称为家庭主妇，其活动空间非常有限。杨云芝在《淮北苏皖边区的妇女工作》报告中讲道：“家庭里的推磨做饭、洗衣、缝衣、做鞋、纺线、照料小孩、侍奉老人，这都是所谓‘妇女的天职’。”[③]妇女传统的性别角色使得她们难以在抗战中发挥应有的作用。淮北抗日根据地建立后，重构农村的性别秩序。妇女被广泛地动员起来，参与抗战、生产与社会秩序管理等活动，她们的性别角色和活动空间发生了变化。

1. 参战、支前与慰劳

淮北行署副主任刘玉柱在《重整阵容，继往开来——在路东分区妇女干部会上的报告提纲》总结了妇女对抗战的巨大贡献：“（一）献粮、借屋、洗衣、慰劳等，这些工作始终坚持，在物质上的价值已经难以估计，在精神上作用尤其大。（二）广大妇女参加武装自卫，进行抗日宣传，盘查行人，捉汉奸防土匪等，并不落后于男子。（三）纺织生产，

①豫皖苏鲁边区党史办公室编：《淮北抗日根据地史料选辑》第3辑第1册，内部资料1984年，第65页。

②庄严：《怎样开展妇女工作》，《拂晓报》1944年6月27日，第4版。

③豫皖苏鲁边区党史办公室编：《淮北抗日根据地史料选辑》第3辑第1册，内部资料1984年，第59页。

参加劳动互助，保障抗战供应。（四）妇女自己出钱出工，优待抗属，动员归队。（五）送夫送子送兄弟参军。（六）妇女本身参军参政，从事文化、卫生、供给等工作。"①

淮北抗日根据地的妇女在妇救会的组织下，纷纷走出家门，参加抗战活动。如泗宿县的妇女耿道元，参加了民兵战斗和锄奸活动。"前年三十三天'扫荡'时，带领着自卫队协助主力打游击，创造了民兵模范的战斗故事，并且在去年午季，武装保卫秋收时，捉住过汉奸。"②豫皖苏的妇女群众经常掩护伤员，《华商报》曾报道："某次，敌人搜索村落时，负伤的士兵从一个老太婆家里搜出来了，并且指明这是游击队的兄弟。可是那个老太婆却死命不肯承认，哭哭啼啼，拉拉扯扯，硬说这是她自己的儿子，出门时给流弹打伤了。无论敌军如何逼她，她死不放手。结果那位负伤的弟兄，终于在伤愈后平安归了队。"③

青阳市的妇救会积极慰问伤员，帮助伤员康复。"九月十八日傍午，从马公店转送伤员的三十多副担架，停在青阳市政府的门口。当地的村妇救会主任柏桂亭、江桂兰，一听说是前线反攻受伤的兄弟到了，便马上召集吴□华、马大姐、祝大娘等十几个人商量如何慰问。柏主任感动地说：'大家天天说鬼子投降了，前方反攻了，现在受伤的兄弟来到我们面前了，大家终该表表自己的立场。'她们十几个人便一齐动手，像招待亲戚一样，有的还换上了新衣服。一时上街的、削梨的、喂饭的，马上在市政府门口涌起了一种热爱亲切的气氛。伤员们在远途辗转中，受了她们这样的关切，有的说：'你们真是自家的姊妹一

---

①豫皖苏鲁边区党史办公室编：《淮北抗日根据地史料选辑》第3辑第2册，内部资料1984年，第384页。

②《泗宿耿道元，织布老手民兵模范》，《拂晓报》1944年3月16日，第1版。

③中国人民解放军历史资料丛书编审委员会编：《新四军·参考资料》（1），解放军出版社1992年版，第171页。

样！’总计此次青阳妇救会慰问伤员，共用法币八千六百三十元。”①

永城三区裴桥的妇救会为部队做鞋：“大伙都真愿意做鞋，都是起早搭黑地做。有个媳妇只顾上鞋，忘记孩子在床上睡，孩子滚下地差点摔坏了。还有几个人，为做鞋手上都磨起了泡。”②泗南县刘台子刚过门的新娘子，送新郎刘发年参军，路上对丈夫说：“你放心地去吧，俺在家孝顺公婆，积极生产，你走得再远，俺也等你。”③传统社会，妇女与战争的距离较远，淮北根据地通过妇救会的动员，使妇女成为民族解放战争的积极支持者与参与者。

2. 生产劳动

在传统农业社会，女性不是农业劳动的主力，主要担负家务劳动及副业生产。抗战爆发以后，根据地大量男性纷纷参军走向战场，由此造成乡村社会劳动力的空缺，急需女性来弥补。淮北抗日根据地号召妇女积极参加生产劳动，打破敌伪的经济封锁。淮北路东地委大力倡导纺织工作，把家庭主妇变成劳动能手。1944 年，淮北苏皖边区举行了第二届妇救代表会，奖励劳动英雄。“行政公署特拨边币五万元作为奖励劳动英雄之经费，闻此次大会，将有五十名妇女劳动英雄及模范生产者受奖，奖励办法统以物质为奖品，织布英雄合乎条件者，奖值五千元代价之纱，纺纱英雄合乎甲等条件者，奖价值三千元之布。”④在根据地的号召下，妇女们积极参与生产劳动。“泗南县刘大娘创造合作织布，一千块钱本钱，已赚了一匹大布，又办了针线合作社

①杨平：《热爱自己的部队，青阳妇救会慰问负伤将士》，《拂晓报》1945 年 10 月 16 日，第 1 版。

②中共河南省委党史工作委员会编：《豫皖苏抗日根据地》（二），河南人民出版社 1990 年版，第 422 页。

③中国人民解放军历史资料丛书编审委员会：《新四军 · 回忆史料》，解放军出版社 1990 年版，第 243 页。

④戈：《边区第二届妇救会代表会三八开幕》，《拂晓报》1944 年 3 月 4 日，第 1 版。

等组织。"[①]淮北半城区的刘大娘，"不但自己能耕种，并且最善于经营副业，她能打席褶子，最长于挖藕，男人家一天能挖三趟，她能一天挖六趟，最多一天能挖七十斤，每逢她去挖藕时，后面便跟着一群人向她去学，凭着她能（吃）苦，置了四间房子、二亩地，有了牛驴，娶了儿媳妇，日子慢慢地好过起来，她不仅能（吃）苦，而且对抗日热心，她参加妇救会最早，已有四五年历史"[②]。刘大娘成为边区的劳动英雄。应该说，淮北地区的妇女本来就有较好的劳动习惯，抗战爆发后，随着农村男性劳动力的参战，女性的生产劳动功能被进一步强化了，在革命话语下，她们被形塑为"生产能手""劳动英雄"的角色。

3. 妇女参政

传统社会，妇女参政是很少见的，基层社会政权基本为男权所把控。如淮北根据地"因为经济地位的附属、封建势力的压制，妇女文化更加落后，因而参加政治活动的没有。五区杨景乡仅有一个唯一的女甲长"[③]。在妇救会的组织和教育下，淮北根据地妇女的政治意识和参政能力得到了明显的提高："政治认识上提高了，在去年的反贪污虐待斗争中，妇女普遍都参加了，很多儿媳妇受公婆的虐待，都进行了和公婆的斗争，敢于面对面地和压迫者或地主讲理。泗阳去年扩军，就有四十家妇女送子送夫参军的。泗南也有了八个女乡长，村长、乡行政委员到处可见。优抗方面：管镇区有一个抗属小孩没奶吃，便组织了一个喂奶小组。如青阳有个区妇救会给伤员买饭喂他吃，慰劳钱。魏营区妇救会因天晚伤兵没人抬，自动报名去抬，感动得战士发誓，伤

①江苏省妇女联合会、江苏省档案馆合编：《江苏省妇女运动史料选》，1984 年内部编印，第 259—260 页。

②《半城刘大娘织席挖藕胜过男人》，《拂晓报》1944 年 3 月 16 日，第 1 版。

③豫皖苏鲁边区党史办公室编：《淮北抗日根据地史料选辑》第 3 辑第 1 册，内部资料 1984 年，第 60 页。

愈后决心重上战场杀敌人。”①在1944年淮北苏皖边区第二届妇女代表大会上，泗宿县代表冯学贞发言，她说：“过去俺妇女，哪能见过这样大的场面呢？现在我们妇女也能够说话了，还能够办事了，现在生活改善了，大家要努力，我希望大家纺织英雄都要互相帮助。”②在传统社会，女性被剥夺了参政的权利，使得她们无法在基层政权体系中发挥作用，而在淮北根据地，妇女的参政潜能得到了激发。睢宁县代表张大嫂说：“过去俺没有参加工作的时候，我怀疑女人也能做工作吗？后来我参加了工作，当村主任，白天工作，晚上就织麻布，俺现在得到解放不是自动得到的，是亏了共产党和新四军的领导，俺妇女现在还说不上是完全解放，想得到完全解放只有把鬼子完全赶出去，现在只能说是得到一半解放。说来说去还是说自己的问题，过去我觉得学习没有用处，有一句俗话‘天下无难事，只怕心不专’，前年开参政会，人家叫我签名我不会写，觉得不好意思，于是我努力学做一个好干部，后来就念乡级干部教材，现在会算账和会写简单的信了，过去找人家写信人家不得闲，人家写来也不合自己的意思，于是我下决心，学一个字算一个字。到四五十岁也可研学。”③妇女在参政的实践中，学习了文化，养成了参政能力。

五、妇女动员过程中性别、传统与国家的冲突

1. 妇女解放与传统习俗

妇救会对妇女进行动员的时候，受到了乡村传统习俗的制约，民众受传统观念影响较深。妇救会在组织的过程中，由于任用了一些边缘女性，虽然一度容易打开局面，但是很难得到社会的认可。1943年，

①江苏省妇女联合会、江苏省档案馆合编：《江苏省妇女运动史料选》，1984年内部编印，第261页。

②《各县妇女代表劳动英雄讲演》，《拂晓报》1944年3月14日，第2版。

③《各县妇女代表劳动英雄讲演》，《拂晓报》1944年3月14日，第2版。

刘瑞龙在《妇女干部会上的总结报告》中提到“过去工作对象主要放在少数上层妇女身上，没放到广大劳动妇女身上，只是模糊地号召受气的出来参加妇救会，提出‘要得不受罪，参加妇救会’，因之，有些不正派的人，也参加妇救会”[①]。因此“只有不让女光棍、风流人参加妇救会，好的劳动妇女才愿意来参加”[②]。由于传统社会妇女的活动空间十分有限，特别是夜里基本不外出。妇救会组建后，需要组织妇女开会，往往与乡村的习俗或农民的家务、生活产生矛盾，妇救会采取了灵活的方法，以尊重乡村习俗。庄严在《怎样开展妇女工作》的报告中讲道：“开会最好利用中饭时或早晨容易集中，晚饭后开会不好（时间不可超过两点钟）。一来晚上疲倦要睡觉。二来黑夜小孩子影响也不好。”[③]敌伪的封锁和洋布的输入，导致布价飞涨，根据地号召妇女积极开展纺织，但是当地妇女无纺织习惯，对该政策产生怀疑，使得对妇女的生产动员受到严重影响。“群众无纺织习惯，一般用线皆使锤子捻，因北部来的难民会纺纱，他们以为‘这是侉子干的’不愿学，又加以坏人造谣，泗南半城区乱朱庄有人说：‘不要学纺，学会新四军就要带走了。’淮宝南宁区也有人说：‘学会纺就到新四军工厂去纺，不能回家了。’群众原不习惯，保守惑疑，不愿学。”[④]虽然妇救会的成立及其活动的展开使妇女的性别角色和活动空间都发生了一定的变化，但由小农经济决定的乡村妇女的劳动、生活习惯及观念很难在短期内根本改变，传统习俗对妇女解放起着明显的制约作用。

---

①豫皖苏鲁边区党史办公室编：《淮北抗日根据地史料选辑》第3辑第1册，内部资料1984年，第287页。

②豫皖苏鲁边区党史办公室编：《淮北抗日根据地史料选辑》第3辑第1册，内部资料1984年，第66页。

③庄严：《怎样开展妇女工作》，《拂晓报》1944年6月27日，第4版。

④刘宠光：《淮北纺织运动总结》，见豫皖苏鲁边区党史办公室、安徽省档案馆编：《淮北抗日根据地史料选辑》（第5辑），1985年内部编印，第181页。

2. 女权与父权的冲突

在妇救会的组织与妇女运动的开展过程中，女权的争取与乡村社会传统的父权观念产生了严重的冲突，妇女动员工作的开展并非想象的那么简单与顺利。如淮北抗日根据地的半城区，“这里妇女工作有两点困难：(一)男子汉阻止女的参加妇救会，恐怕一参加就不好管，也怕常常开会，抛荒庄稼。(二)干部不敢接近妇女，怕人造谣言，上级怀疑男女关系不清。因此小手小脚，如两三年来这个乡妇救石主任，无经常工作布置。一直到今年重新开展前，还是一个光杆子”①。根据地虽然倡导妇女解放，但是解放必须有一定的界限，就是在基层乡村男性农民可以容忍的范围之内。因为女权的解放对男性农民的权威构成了挑战，基层男性干部及农民几乎没有受到男女平等思想的洗礼，受父权思想、传统伦理观念影响很深，让他们主动支持妇救会困难重重。王台村开妇女会的时候讨论丈夫打老婆怎么办，“大家都不发言，并说‘打就打是了’”②。由此可见，乡村社会民众特别是男性对“打老婆”这样的做法大多还是默认的。张念认为：“女人的抵抗并非是要废除家庭或者摆脱被贬低的家务劳动，进入公共领域获得社会工作的价值提升，更为深层的诉求是如何在一种契约关系中，实现个人自由，这包括各种特殊的社会契约，也包括国家契约，即个人、社会、国家如何在政治上恰当衔接。”③根据地妇女解放无法完全推翻原有的性别秩序，妇女虽然借助抗战的契机获得了某种程度的解放，但是必须在新的社会形态下接受性别秩序的规定。

3. 妇女解放与革命利益的矛盾

妇女解放虽然与革命是“互动与同构”的关系，但妇女权利与革命事业也会存在矛盾。比如婚姻自由政策虽保护了女性，但也引起了男

①庄严：《怎样开展妇女工作》，《拂晓报》1944 年 6 月 27 日，第 4 版。

②庄严：《怎样开展妇女工作》，《拂晓报》1944 年 6 月 27 日，第 4 版。

③张念：《性别政治与国家——论中国妇女解放》，商务印书馆 2014 年版，第 157 页。

性农民的纷纷不满，保护军婚的政策使得抗属承受了生理与经济的双重压力。根据地在发动妇女参加抗战与建设时，对妇女权益的关注不够。刘玉柱在《重整阵容，继往开来》的报告中指出了路东分区妇女工作的不足："对妇女干部的生活照顾不够。对妇女同志生理上的特殊注意不够，以至现在有的吃药不报销，看病找不到地方，妇婴保健问题得不到很好解决，影响到女同志的健康。对结婚离婚的问题处理上还发生有偏向，影响到女同志情绪上的波动。"[①]淮北根据地的妇女干部易苏讲道："有些地区不了解妇女本身的需要，不关心妇女本身的利益，只要求妇女参加抗战，为抗战服务，像衣服、缝衣、烧茶、做饭等，并没有关心广大妇女真正需要些什么，多所取而少所与（甚至有所取而无所与），就使妇女感到厌烦。"[②]中共中央华中局书记刘少奇曾讲过："从没有不为他本身利益起来斗争的人而能为国家民族的利益斗争。"只有建立合理的激励机制，解除妇女特殊的痛苦，才能调动其革命积极性。而妇女只有积极参与革命，与男性农民一道争取革命的胜利，才能使自身的地位得到根本改变。邓子恢认为妇女解放的前提是参加革命，共同实现民族民主革命。"为要达到这种真正解放，必须参加革命，在无产阶级领导下共同创造共产主义社会而奋斗。但目前中国的妇女必须参加民主民族革命，首先驱逐日本法西斯出中国，实现三民主义的共和国，参加全世界反法西斯阵线，完成革命第一个步骤以后，再转入革命的第二个步骤，否则，光明的前途是可望而不可及（即）的。"[③]革命需要动员妇女，但也需要了解妇女自身解放的需要。调动妇女的抗战首先要启发她们的女权意识，把女权的争取与民族解放的

①豫皖苏鲁边区党史办公室编：《淮北抗日根据地史料选辑》第5辑，1985年内部编印，第378页。

②豫皖苏鲁边区党史办公室编：《淮北抗日根据地史料选辑》第3辑第1册，内部资料1984年，第79页。

③北京新四军暨华中抗日根据地研究会淮北分会、江苏省泗洪县新四军历史研究会编：《邓子恢淮北文稿》，人民出版社2009年版，第31页。

需要割裂开来是不可取的。

六、小结

妇女群体既是中共民族、国家建构的重要资源和依靠力量，也是中共追求妇女解放目标的客体，妇救会是根据地开展妇女动员的主要机构。妇救会的组建与妇女运动的开展，使根据地的女性身心获得了一定程度的解放。根据地重构了农村的性别秩序，妇女纷纷走出家庭，参与抗战、支前、生产等活动，为抗战贡献了力量。然而，当女权的解放与战争、革命利益交织在一起时，女权解放往往让位于革命。抗战的爆发和革命的发展为妇女解放提供了难得的契机，同时，革命也十分借重妇女的力量，通过解除妇女的痛苦将妇女组织起来，参与民族、国家的构建。在参与革命与抗战的过程中，妇女获得了身心的解放，但同时，传统习俗、既有的性别秩序、革命的整体利益等因素又制约了妇女解放的程度。

第二章　抗战与民生：淮北抗日根据地的妇女纺织运动

关于抗日根据地的妇女纺织，学术界已有不少学者论述。如刘萍《对华北抗日根据地妇女纺织运动的考察》(《抗日战争研究》1998年第2期)一文认为妇女纺织运动虽然是在生产救荒中发展起来的，但与中共抗战时期妇运指导方针的转变有密切联系。妇纺运动在对敌经济斗争中发挥了重要作用，促进了妇女运动的发展。张晓玲《抗战时期晋绥边区的家庭手工纺织业》(《中国经济史研究》2016年第5期)一文认为，在晋绥边区纺织业现代化的过程中，尊重传统要素、注重传统的延续性至关重要，而边区政府的一系列制度安排是手工纺织业发展、传统力量延续的关键动力。虽然学界对根据地妇女纺织运动发展的原因、意义、与妇女解放的关系进行了探讨，但对纺织运动中遭遇的困难及根据地如何克服种种困难，确保纺织运动顺利开展的动员机制关注不够。无论是根据地经济政策，还是妇女解放政策的推行，都无法回避传统与乡村社会的因素。

一、妇女纺织运动的缘起

淮北抗日根据地是新四军创建的8个战略区之一，近代以来，随着西方资本主义的入侵，农村手工纺织业逐渐衰落。敌伪控制洋布供应，加紧对根据地的经济掠夺。淮北行署副主任刘宠光讲道："边区东靠运河，西依津浦路，过去交通比较便利，洋布输入很早，人民植棉纺织基础久已破坏，穿衣靠外来洋布，使纺织发展有很大困难。去年夏

天伪汪控制纱布，洋布不得入口；入秋后布价飞涨，群众卖一斗粮只买到尺把布，群众利益大受损失。他们减租减息的利益被敌人剥削去了，但又迫切要求穿衣，这又给发展纺织以便利的条件。”[①]1943年12月发布的《淮北区党委关于开展纺织运动的决定》指出：“目前我淮北地区面临着一个亟待解决的严重问题，就是棉布问题。最近边区内布价已由每匹二千元涨至五六千元，由每尺三十余元涨至七八十元。在敌人控制下，布价还可能继续上涨，这种剪刀现象的严重化，是对农村极大的剥削，予根据地社会经济以极大的损害，而使人民与军队在生活上增加重大困难。”[②]江枫在《二联乡调查》中提到“抗战以来，特别是近三年来，粮价与物价上涨的倍数是惊人的，需要买粮食吃的人，对粮价的上涨很感头痛。但一般中、贫农，尤以布价昂贵为焦虑，因为大家都要穿衣服。过去卖斗把二斗粮食便可以做一套单衣，现在布价上涨的速度等于粮价上涨速度的五倍，卖一斗粮食只能买进二尺布了”[③]。棉布的缺乏和价格的暴涨造成民众沉重的经济负担。按当时的价格计算，淮北抗日根据地部队机关用在被服方面的经费几乎占全部经费的五分之一，农民家庭日常生活支出，布匹一项支出就占全部生活支出的八分之一到十分之一。日伪对棉布价格的操纵使根据地在经济上遭受严重损失。刘瑞龙在《全边区党政军民动员起来完成春耕救荒任务》的报告中要求：“提倡纺织发展副业，全边区今年完成三百架织布机，一千架纺纱机，就是要大家有新衣服穿，奖励采用洋机，奖励私人经营，奖励边区外工商业家投资。”[④]为了抵制敌伪的经济掠夺，满足人民穿衣需求，淮北抗日根据地组织广大妇女开展纺织运动。

---

①豫皖苏鲁边区党史办公室、安徽省档案馆编：《淮北抗日根据地史料选辑》（第5辑），1985年内部编印，第180页。

②安徽省财政厅、安徽省档案馆编：《安徽革命根据地财经史料选》（二），安徽人民出版社1983年版，第169页。

③豫鲁苏皖边区党史资料征集编研办公室编：《淮北农村调查》，1984年内部编印，第121页。

④《政府工作》第6期，1942年3月13日，第7页。

二、妇女纺织运动的开展

1. 宣传动员

为了有效开展妇女纺织运动,根据地召开了妇女干部会议,克服了妇女干部中的依赖观念、享乐思想等错误观念。根据地召开各级妇女干部会、农救会及妇救干部联席会,乡支部号召党员起模范作用,布置党员在群众大会上自动报名打纺车来影响一般群众,先动员自己老婆参加妇救会纺纱。根据地提出的口号有:"自己种棉自己纺,一点公粮也不上。""学会纺纱能赚钱,吃一半来剩一半,剩来买油盐。""每人能种半亩棉,一年穿衣不用钱,省下粮来再买田。"①采用通俗的、贴近群众的口号、话语,能有效地动员妇女开展纺织。根据地还提出了"要想穿得暖,纺纱织布带种棉","要想发,学纺纱;要得富,学织布"等口号。根据地经常利用年关玩花灯、旱船、花挑等娱乐,编唱纺织小调,传播给广大群众。如段佩和几个农民集体创作了一个小调:"卖掉一斗小秫秫,我的大哥哥,不能换来一尺布,想来想去真痛苦!""民主政府办法全,我的大哥哥,专替农民打算盘,号召纺纱多种棉。""纺纱好呀纺纱好,我的大哥哥,学会纺纱真不孬,年年都能穿新袄。""学会纺纱不受穷,我的大哥哥,当选组长真光荣,全乡人人都尊重。"②根据地还利用冬学宣传纺织,经常在报纸上登纺织的典型例子,传播纺织的经验,起到了很好的宣传作用。另外,根据地组织纺纱小组进行集体表演,举办小型的流动纺纱展览会,把纺织品集中到各地区展览给群众看,召开纺织劳动英雄大会。

根据地经常利用年关娱乐的时机,宣传生产纺纱,如脍炙人口的

①豫皖苏鲁边区党史办公室、安徽省档案馆编:《淮北抗日根据地史料选辑》(第5辑),1985年内部编印,第183页。

②豫皖苏鲁边区党史办公室、安徽省档案馆编:《淮北抗日根据地史料选辑》(第5辑),1985年内部编印,第192页。

纺纱小调“余家二姐不纺纱，一天到晚走娘家”，对不纺纱的妇女产生了很大的刺激，造成了纺纱的热烈氛围，有些人以纺纱为荣了。1944年2月25日，泗阳县的妇女干部叶枫、陈枫、朱亚生、徐勉一等向泗南县的妇女干部提出纺纱竞赛的挑战，要求在三八节大会上进行比赛。通过生产竞赛，扩大了纺纱运动的影响。

2. 组织生产

为了推动纺织运动，边区成立了妇女工作委员会，建立了各县纺织推广委员会，举办纺织训练班，培养干部。纺织推广委员会内部分为总务、组织、视导三股。根据地运用党政军民学、参议会、银号等力量来推动纺织。布置党员自动报名，发动自己的家属学纺纱，以带动他人。采取以点带面的办法，各县都选择有基点，抓住基点推动全盘。纺纱号召发出后，贫民、外来难民首先响应。由山东、河南等地来到淮北的难民，不少来自产棉区，其中大部分妇女甚至男人都会纺纱织布，而且技术熟练。由于他们生活未安定，缺乏纺车与资本，所以区党委决定为他们安顿房子，找车子，借本钱，这样，既解决了这些同胞的生计问题，又发挥了他们的技术专长，为根据地的纺织事业做出了贡献。

根据地通过创造典型村，推广纺织运动。张哲明曾谈到淮北路东的妇女纺织：“每个县都有一个典型，改造了过去到处乱跑的作风。如泗阳的夏庄纺织村，纺与织互助和织与织互助，合伙织布的已有三十几架织布机。合作社的组织也普遍全县。又如泗南管镇的纺纱班，一直坚持到现在，泗南刘大娘创造合作织布，一千块钱本钱，已赚了一匹大布，又办了针线合作社等组织。”①1943年，淮北边区第五次行政委员会通过了提倡纺织的议案。“1. 边区各县组织推进委员会，各界热心人士及妇女均可参加；2. 以学校为推广纺织之基点，向外发展，完小

①江苏省妇女联合会、江苏省档案馆合编：《江苏省妇女运动史料选》，1984年内部编印，第260页。

女生必须学习纺纱。”①

根据地还建立了合作社,合作社为推广委员会的执行机关。资本由银号贷给,准许私人投资,纯为营业性质。合作社的职责为解决临时之困难,调剂市场兼理银行之纺织贷款。《淮北路东地委关于大规模开展纺织的决议》要求“分区设总社,各县原有的大合作社为基础,设一到三个分社,分社直接受总社长业务上的领导,并执行纺织推广委员会之决议”②。淮北抗日根据地最有影响的是耿道元合作社。耿道元纺织合作社于 1944 年 4 月初建立,最初只有 5 架破织布机,为了扶持它的成长,淮北地方银号共给该社贷款 120185 元,原料方面还贷给棉花 3205 斤,合计 1091010 元。“经过一年努力,全社织布机增加到七八十架,头八个月里,织布盈利 756413 元。”③

根据地动员工匠打纺车、织布机,解决纺纱设备问题。刘宠光在《淮北纺织运动的总结》中谈到了淮北纺织运动中纺车问题的解决办法。“边区木匠不会打车子,我们使路西会打车子的来打,打出样发到各地去仿做,但车子的情形:A. 路西木匠打的豫东式的,这种样式和山东式差不多,比较还(还比较)可用,有些很好用。B. 一种是海门木匠打的南通式的,大轮短身高架,捻度速度比较好,路西、山东人皆用不惯,未行开。C. 宋景初同志改良式的,车翅子二尺八寸,比路西式轮子较大,其余皆同。”④

在根据地的推动下,许多妇女纷纷参加纺织生产。淮泗县的李大嫂作为劳动英雄参加了第二届妇女代表大会,介绍生产经验。“她由北方逃到淮泗已经八年,雇了七年长工,去年十月下来,便开始纺纱,

---

①《边区第五次行政委员会决定秋季征粮办法,并通过救灾禁酿提倡纺织等要案》,江苏省档案馆藏档案,档案号:GB－009－060－014。

②江苏省妇女联合会、江苏省档案馆合编:《江苏省妇女运动史料选》,1984 年内部编印,第 253 页。

③朱超南等编:《淮北抗日根据地财经史稿》,安徽人民出版社 1985 年版,第 170 页。

④豫皖苏鲁边区党史办公室、安徽省档案馆编:《淮北抗日根据地史料选辑》(第 5 辑),1985 年内部编印,第 196 页。

她会轧弹纺织一全套本领，一天弹七斤棉，能纺六两纱，不但白天纺纱，而且夜里在月光下纺，没有月亮，便摸着瞎纺，七两油上了五十二天灯，这样苦着，还教会了四十人纺，从去年十一月纺到现在，赚了两条新棉被、两件衣服，还混到了饭吃。”①通过参加纺织，不少妇女改善了生活。

3. 解决资金、技术、原料与市场等问题

纺织运动的开展需要一定的物质准备。为了支持纺织运动的开展，边区银号发放纺织贷款。1943 年就发放四十万元：“边区各县纺织事业正开始试办，淮北地方银号为了鼓励手工业生产，特举办四十万元经常纺织贷款，借给纺土纱织土布的人们作资本，好让边区人民解决穿衣问题。”②

由于淮北地区农民无纺织习惯，开展纺织需要进行技术培训。根据地动员青年劳动妇女进行学习，由路西人当教师，由训练班的干部及难民教一般妇女学习纺纱，学会后发动她们打车子。淮北抗日根据地还由各级参议会发动参议员制作纺车。学校将劳动课改为纺纱，特别是女生皆学纺织。根据地还训练纺纱干部。“各县训练妇女干部学纺，学习十天到十五天，课程三分政治，七分技术，训练好以后带着纺车棉花回到本村，发动妇女来学，学会以后发动他们自打车子。”③

泗沭归仁区小李村的李大娘自从县妇救会纺织训练班学会纺纱后，回去对纺纱很努力，除了自己纺纱，还教会本保 24 个妇女纺纱，发展了 40 多挂纺车。全保在她的影响下，到处找木匠打车子，抢着叫李大娘教她们学纺织。教妇女纺纱的时候，李大娘还劝她们参加妇救会，讲一些增加生产和抗战胜利的道理给她们听。

---

①《第二届妇女代表大会劳动英雄介绍生产经验》，《拂晓报》1944 年 3 月 16 日，第 1 版。

②《淮北地方银号鼓励纺织，贷款四十万元》，《拂晓报》1943 年 12 月 16 日，第 1 版。

③安徽省财政厅、安徽省档案馆编：《安徽革命根据地财经史料选》（二），安徽人民出版社 1983 年版，第 241 页。

为了保证土纱的销路,边区政府决定由银号贷款给合作社,按质论价收买,卖给织布户,以调剂各地纺与织的不平衡,与此同时,还采取措施,确保土布有销售市场。根据地决定:“1. 土布如销售不完,县供给部、县供给科大批收买本地所织土布,做军服及地方干部衣服;2. 土布在本地区内自由流通;3. 在群众中提倡穿土布。”①

三、妇女纺织运动中的问题及对策

1. 当地群众无纺织习惯

纺织运动的开展并非一帆风顺,开展纺织虽然有益于国计民生,但是群众接受尚需时日。1944 年 2 月 25 日,《拂晓报》发表社论《迎接三八节继续开展群众的纺织运动》,指出:“在这个从来没有或者很少纺织的区域,开始组织纺纱工作,就生产发展来说是一个很大的改革,在与敌寇封锁政策进行斗争中具有极其严重意义。只有发展纺织逐渐达到根据地军民布的自给,才能争取对敌经济斗争的主动权,才能真正实现足衣足食以至丰衣足食的口号。”②

在淮北根据地,“群众无纺织习惯,一般用线皆使锤子捻,因北部来的难民会纺纱,他们以为‘这是侉子干的’,不愿学,又加以坏人造谣,泗南半城区乱朱庄有人说‘不要学纺,学会新四军就要带走了’。淮宝南宁区也有人说‘学会纺就到新四军工厂去纺,不能回家了’。群众原不习惯,保守惑疑,不愿学”③。传统农民的乡土观念强、生产习惯保守,因此需要向群众进行深入的宣传解释。根据地提出口号:“要想不受寒,纺纱织布带种棉。”“一天能纺四两线,吃一半来剩一半。”并且发给路西难民纺车,难民赚钱改善了生活。群众看到了实际利

---

①朱超南等编:《淮北抗日根据地财经史稿》,安徽人民出版社 1985 年版,第 166 页。

②安徽省妇运史资料编纂委员会编印:《安徽省妇女运动历史资料选编》(一),1983 年内部编印,第 56 页。

③豫皖苏鲁边区党史办公室、安徽省档案馆编:《淮北抗日根据地史料选辑》(第 5 辑),1985 年内部编印,第 181 页。

益,在思想上才有了转变。1943 年 3 月,淮北行署主任刘瑞龙在《把妇女工作推上一个新阶段》中要求组织妇女发展家庭纺织业:“在最近,麦子种了,春天未到,我们应抓紧纺织事业,在三八节做出一点成绩。”他指出:“这在农村虽是副业,但过去是没有的,这在生产方法上某一部分的革命,对农村生产起很大的影响。这是一件历史上的事情,我们要能搞起来,首先要进行许多政治工作、组织工作,遭遇许多困难、挫折才能搞起。”①中共的一些政策、倡议,要在民间社会真正推行,还需与民间的传统进行互动、磨合、对接。1944 年正月十五以后至三八节前,布价飞涨,纺纱与织布户都得到了利益,于是群众掀起了纺织运动的热潮。原来车子无人要,后来大家争着领,领不到的妇女有些后悔了,“悔不该以前不领车子”。

为了鼓励广大妇女参与织布、纺纱,淮北苏皖边区行署建设处制定了《纺织事业奖励办法》,规定:“每人一月每天平均纺出纱四两以上,经纬都能用的,每月奖棉半斤。”“凡教别个纺纱,每教会一个人纺出纱能织布的,奖棉四两,按每月教会人数多少计算,月底发给棉花。”“手传梭织布机,用土纱,每天每机能织布一个(匹)以上的,每月奖棉一斤。”“教别人织布,每教会一人(能浆、经刷、织)奖棉三斤。”“纺户织户合乎上面条件,到明年三八节天天不息的,便算是纺纱或织布英雄。奖励如下:甲、纺纱英雄奖棉二斤、纺车一架;乙、织布英雄奖纱二斤、纺车一架;丙、另有行署发给劳动英雄荣誉奖状,并登报表扬。”②通过奖励措施,可以引导根据地民众积极参与纺织事业。

为了说服群众投身纺织运动,淮北抗日根据地走群众路线,将纺织运动与民众自身的利益联系起来。让民众认识到开展纺织运动,不仅是对敌经济斗争的需要,也是为了解决民众的穿衣问题,提高农民

---

①刘瑞龙:《刘瑞龙淮北文集》(上卷),中共党史出版社 2005 年版,第 248 页。

②安徽省财政厅、安徽省档案馆编:《安徽革命根据地财经史料选》(二),安徽人民出版社 1983 年版,第 173—174 页。

收入,改善生活。吴倩在《两个月来纺织工作的几点经验》一文中总结道:"在大量开展(的)纺织运动中,应是真正的群众路线,要深入地宣传动员。利用各种集会及妇女冬学进行宣传,并在可能条件时开纺织品展览会,使群众明确地看到是既易学又有利的事。也可以通过各户的兴家计划中具体规定妇女在纺纱方面应作出的成绩,帮助解决她的困难。要说服群众、动员群众自觉自制自学。"①

2. 原料供应、纺织生产与市场不够协调

纺织运动的开展,对于打破敌伪封锁、改善民生是有必要的,也得到了民众的支持。但经济建设有其自身规律,要把握这种规律并非易事,淮北根据地的妇女纺织运动在开展过程中,遇到不少经济上的难题。如设备与技术上的矛盾、生产环节衔接不好、市场销路困难等。"有的车子已经打起,人还不会纺,把车子空起来;同时又把纺纱与发展织布脱节,有些纱已纺出卖不掉,使纺纱群众情绪受到影响;而发展纺纱又与发展妇女组织脱节,纺纱工作已做起来,而妇女组织尚未建立、整理。"②无论采取何种经济体制进行生产,都需要一定的宏观管理,对当时的根据地来说,特别是基层,经济干部还是比较缺乏的。因此,生产环节的不协调在所难免。

银号在纺织运动中除提供贷款外,还在市场调剂方面发挥作用。但是"银号买纱买布卖棉以调剂市场不经常,时断时续,总号通知要买,而下面区银号无人买,只在个别地方起了些作用,而在全边区范围来说,作用还不大"③。由于边区棉花种植很少,民众在纺纱时原料成本较高,一旦纺出的纱或布不能及时销售,就会影响生产。"因车子猛

①安徽省妇运史资料编纂委员会编印:《安徽省妇女运动历史资料选编》(一),1983 年内部编印,第 53 页。

②豫皖苏鲁边区党史办公室、安徽省档案馆编:《淮北抗日根据地史料选辑》(第 5 辑),1985 年内部编印,第 185 页。

③豫皖苏鲁边区党史办公室、安徽省档案馆编:《淮北抗日根据地史料选辑》(第 5 辑),1985 年内部编印,第 187 页。

烈发展，棉花供应不上，许多车子打好挂起，根本未纺，所以全部车子一般的开工者只有三分之一，其余虽打好还‘束之高阁’，而且车子打得不好，粗制滥造，只是个纺车就算了，不问车子能不能用。这一方面因木匠无打车子经验，一方面有些老百姓，以为政府号召纺纱，他们为‘应官差’，打的车子，根本不是自愿打的，马虎了事。”①

刘宠光曾讲到纺织的过程中遇到的难题：“贩、弹、纺、织生产与流通的过程未有组织成有机的联系，因而运花供不上纺，而纺了纱无地方去卖，织了布也不好去卖，生产流通不能圆滑地进行，总是涩滞跛行，使运动遭受阻碍，而其基本原因还在于边区无棉，要取给于外区。因敌人阻隔运输及贩卖困难，不能源源供给，运动形成‘无源之水，其竭可立而待’了。因植棉困难形成棉贵，棉既贵纺纱即无大利，不如其他劳作有利，则人们不愿纺纱了。因棉贵则纺纱也就要贵，但织出布到市场出售，因外来大布价格低，本地布不能赚钱，影响织布的发展。”②边区纺织业的一度兴盛是有特定条件的，那就是传统纺织业的衰落和敌伪的经济封锁。一旦本地市场饱和，纺纱织布成本高于外来布匹，民众无利可图，纺织规模就难以再扩大。

纺织的各个环节只有合理安排，才能提高劳动效率。合作社在原料供应，经费筹集，棉、纱、布交换中发挥着重要作用，有效协调纺织各个环节的顺利进行。如泗南县半城合作社：“用桑木、榆木打了三十四架最合用的纺纱车，每架作价仅百元，贷予社员。纺户可拿纱换花、换布，头等纱每斤换二斤六两花，或换十二两布；二等纱每斤换二斤到二斤四两花。各织户又可拿布换纱，并可先贷纱，七天内交布。目前已

---

①豫皖苏鲁边区党史办公室、安徽省档案馆编：《淮北抗日根据地史料选辑》（第5辑），1985年内部编印，第187页。

②豫皖苏鲁边区党史办公室、安徽省档案馆编：《淮北抗日根据地史料选辑》（第5辑），1985年内部编印，第191页。

组织纺户一百三十余家,织户十余家,十天内已换纱一百余斤。”①

泗宿县的孙成钧织布劳动互助组通过互助,合理安排生产环节,大大提高了纺织效率。孙成钧提出:“织布最费工的是打芦管子,芦管子没齐全,机子只有搁在那里停摆不能织,我们互助头一条重要的是打芦管子,一家线子分给几家打芦管子,没有(比)这样最省工了。”②尊重实践、依靠群众,是中共取得经济建设成功的根本办法。孙成钧合作社通过互助,合理规划生产程序:“互助以后的办法,是七家轮流有计划地上机,一家上机的线子分给其他六家。那些闲着的劳动力打芦管子,十五斤线除自家留下三斤,其余每家二斤,这样一天就可以打齐了,每上一张机都可节省四天时间。一个月每家要上两次机,则可以节省八天时间。”③为了提高纺织的效率,淮北根据地“建立贩、弹、纺、织各户的有机联系,使贩棉户、弹花户、纺户、织布户建立关系,使生产中的各个环节能衔接起来,生产与交换过程得以圆满地进行”④。田垒在《淮宝县的财政经济工作》一文中讲道:“我们在仁和集开设了光华商店,在岔河镇办了县合作社,我们的商店和合作社曾通过一些进步商人以及内线关系,从敌占区购买我们所急需的西药、纱布、布匹、食盐、烧酒、纸张、牙粉等物资。”“县合作社在纺织运动中,采取以纱换布,或以布换纱的方式,大力组织群众成立纺纱织布小组,发展组织生产。”⑤通过合作社、商店等机构对原料、商品供应的调剂,使根据地的纺织运动能正常开展。

---

①豫皖苏鲁边区党史办公室、安徽省档案馆编:《淮北抗日根据地史料选辑》(第5辑),1985年内部编印,第161页。

②安徽省财政厅、安徽省档案馆编:《安徽革命根据地财经史料选》(二),安徽人民出版社,1983年版第225页。

③安徽省财政厅、安徽省档案馆编:《安徽革命根据地财经史料选》(二),安徽人民出版社1983年版,第225页。

④安徽省财政厅、安徽省档案馆编:《安徽革命根据地财经史料选》(二),安徽人民出版社1983年版,第241页。

⑤中共安徽省委党史工作委员会编:《淮北抗日根据地》,中共党史出版社1991年版,第537页。

为了有效解决作为纺织原料的棉花供应不足的问题，根据地奖励植棉。《淮北苏皖边区纺织事业奖励办法》规定："凡种棉田一律免收公粮，种得多，按亩又收得多，又能宣传帮助别人种棉的算是种棉英雄，到秋后检查确有成绩，奖犁一张，并由行署发给种棉英雄荣誉状。"①1944 年，《淮北区党委关于开展全边区春耕生产运动的指示》要求奖励植棉："推广纺织奖励植棉；只有自己解决吃穿衣食问题，才能取得对敌经济斗争的主动权，为此在三八节前，全边区要完成一万五千辆的纺纱车、九百架织布机，这一任务，不能单纯当作妇救会工作，各方面要加以协助，特别是银号贸易局和各地合作社应帮助购棉，收买纱布，各地要组织纺、织、弹、贩的合作社，为了达到棉花供给，各县要规定植棉计划，并切实执行，总数要达到全地亩百分之三，沙地可多种一些，但不能影响粮食供给，棉田免征公粮，公家棉种低价出售。"②除了奖励植棉，淮北抗日根据地还由贸易局从盐阜、苏中、淮南等地购买棉花，发动小贩贩运，每入口一斤棉花，给 5 元奖金。1942 年，泗阳县在生产救荒与春耕运动中要求植棉："全县预备植 240 顷，具体分配是龙集区 60 顷，直属乡 80 顷，中扬区 60 顷，陈圩区土质干燥适于植棉，常年亦有超过其他各区数倍，故具体数目字未有确定，以提倡多种为原则，在基本区益于植棉地区提出至少不得少于百分之七，不利于植棉区至少不得少于百分之三，棉籽的解决办法是十分之二由农民自己解决，十分之八由区乡公所代购。"③

《拂晓报》社论《迎接三八节继续开展群众的纺织运动》指出："近来某些地区棉源已感缺乏，应动员合作社、商人、短腿贩设法贩卖，以资调剂，并当通过群众的兴家计划，劝告植棉。一般地应使之占耕地

①安徽省财政厅、安徽省档案馆编：《安徽革命根据地财经史料选》(二)，安徽人民出版社 1983 年版，第 174 页。

②《区党委关于开展全边区春耕生产运动的指示》，淮北苏皖边区党委编印：《拂晓》第 1 卷第 9 期，1944 年 3 月出版，第 20 页。

③《泗阳县的生产救荒与春耕运动》，《政府工作》第 7 期，1942 年 4 月 18 日，第 6—7 页。

面积百分之二，并应开始试验组织轧弹、纺、织、染、贩全部过程中的各种合作互助组织，以便组织群众解决棉源问题，以及纱子、布匹的销路问题等。"[①]淮北地方银号还用土纱换大布，1 斤纱换 12 两布。该银号把进来的土纱，交给半城镇的织户织大布，规定每斤纱换 12 两布，布不要上浆发潮。半城镇有织户 40 户，各领区 16 斤纱，讲好三星期后交布 12 斤。此消息传出后，双沟小草湾、半城区小店子、陈圩、岗大路先后来领者十余户。通过土布换纱的办法，织户可以得利不少。

3. 官办生产与民众需求的偏离

淮北抗日根据地的纺织运动，主要是由政府主导的。然而，各地、每家每户的经济情况千差万别，布匹价格也会随着时间的推移、供需的变化而波动。有的地方未根据实际情况采取官办的做法，也使纺织运动未能达到预期效果。如"泗南半城区靠近边区领导机关的几个乡，车子皆由政府贷给，未推动群众自打，形成官办，致使群众自己的纺织运动，受到某些障碍"[②]。政府号召与民众需求的脱节主要原因在于宣传动员不够深入，对民众的家庭经济状况缺乏深入的调研，未能把政府的号召与民众的具体生产条件有机结合。"还未普遍地使广大群众了解纺织运动是保障他们的利益，不受日本帝国主义经济剥削，而走自力更生的大道。有些县以行政力量推行，结果有些群众以为是'应官差'，打好车子，高高挂起。"[③]

刘瑞龙指出："在组织妇女生产时，不能单纯地机械地依靠我们主观的计划，我们组织生产时要注意每一户家庭经济状况，在组织妇女生产时，要适合每一户家庭的需要，应与妇女商量，甚至参加妇女的家

---

①安徽省妇运史资料编纂委员会编印：《安徽省妇女运动历史资料选编》(一)，1983 年内部编印，第 56 页。

②豫皖苏鲁边区党史办公室、安徽省档案馆编：《淮北抗日根据地史料选辑》(第 5 辑)，1985 年内部编印，第 185 页。

③豫皖苏鲁边区党史办公室、安徽省档案馆编：《淮北抗日根据地史料选辑》(第 5 辑)，1985 年内部编印，第 190 页。

庭会议、家庭生产计划,这要求同志们耐心与妇女研究和讨论。”①根据地通过提倡妇女纺织,帮助民众改善生活,为妇女参加纺织树立典型、榜样,很多妇女看到参加纺织确实能改善生活,也就纷纷参加了纺织运动。如泗南县上郑区找圩乡小朱庄的朱二娘,平时喜欢磕头烧香,吃斋敬神,自政府号召增加生产,帮他订立兴家计划后,她看到全村妇女纺纱很勤劳,一个比一个能吃苦,生活也过得比较好了,颇有感触,开始改变了求神拜佛的迷信。她对着劝她纺纱的人说:“烧香念佛多少年都不管,非下力气苦庄稼,才能有粮食,勤力纺纱才能换布穿,我一定要做好纺纱,和大家比着干。”

泗宿县的陈冲家织布小组发动群众纺纱,使群众能用上便宜布,赚到利润,因此能产生较大影响。“潘山区山河乡群众,在去年秋末冬初时,大家都焦虑着今年的布价太贵,穿不起衣服,陈山村自卫队队长陈冲家同志说:‘我会织布,大家如果集股买纱,包管穿便宜布。’他的意见,马上得了大家的赞成,在很短的期间,便集股金六千六百元。”②从 1941 年 9 月至 12 月,该织布组“共织四机布,计织三十一个布,除尚存八个布未卖外,共赚到一万七千七百五十元,等于原来的三倍。还有六个社员穿了六个便宜布,节省三千七百元”③。这说明,只有把政府倡导纺织运动的号召与民众的日常生活需求结合起来,才可能得到民众的支持与参与。

4.外来布匹的价格竞争

由于淮北根据地棉花产量少,需要依赖外地输入,再加上当地的纺织业刚刚起步,在技术上无法与外来厂家竞争,导致本地土布在价格上不占优势。

随着棉花价格的不断上涨,1944 年 1—3 月份,本地土布生产逐渐

①刘瑞龙:《刘瑞龙淮北文集》(上卷),中共党史出版社 2005 年版,第 248 页。

②程辛:《陈冲家的织布小组》,《拂晓报》1941 年 12 月 28 日,第 3 版。

③程辛:《陈冲家的织布小组》,《拂晓报》1941 年 12 月 28 日,第 3 版。

由盈利到亏本。

月	日	三斤土纱的价格(元)	两个人的工资(元)	一匹土布的价格(元)	比较	
					赚钱	亏本
1	10	600	100	1080	380	—
	20	660	100	1008	248	—
	31	660	100	1008	248	—
2	10	750	100	1260	410	—
	20	840	100	1728	788	—
	21	840	100	1800	860	—
	26	1020	100	1548	428	—
	28	1020	100	1368	248	—
3	2	1080	100	1548	368	—
	4	1080	100	1368	188	—
	7	1080	100	1296	116	—
	9	1200	100	1296	—	4
	12	1260	100	1224	—	136
	17	1260	100	1224	—	136
	24	1080	100	1152	—	28

表格来源:安徽省财政厅、安徽省档案馆编《安徽革命根据地财经史料选》(二),安徽人民出版社 1983 年版,第 257 页。

由于棉花价格的不断攀升,土纱价格高涨,到了 3 月 9 日,土布生产已经出现亏损。在这种情况下,外地布匹流入根据地较多,进一步冲击了本地的纺织业。李人俊讲道:“由于外来土布成本较低,布商仍有利可图,外来土布仍继续进口,更促进土布价格的下落。同时外来土布质量比本地土布要好,而我们纺纱才开始,技术比较落后,在质量上不能与外来土布在市场竞销。再加以我们的棉花亦由外地运来,并不因土布的落价而随落,纱因棉价高而成本重,亦不能随土布落价,因此本地土布在成本上也就不能与外来土布竞销。我们刚刚发芽的织布业，就不能不被外来土布所压倒而全部停工。”[①]由于淮北根据地的纺纱运动刚刚起步，技术比较落后，布匹质量不能与外来土布市场上竞争，而且原料主要由外地输入，成本较高，本地土布与外地土布相比在市场上不占优势。为了挽救刚刚萌芽的纺织业，淮北行署令淮北地方银号出来支持本地纺织业。在 1944 年 3 月初，“布价虽已下跌，但纱价仍是上涨，就是由银号直接收买。它不问布价如何，只看棉花价格高低，保证纺纱有利可赚而规定纱价。同时为保证织机继续织布有工可做，即以收买棉纱四斤与织户换布三斤，以保证他有利可图”[②]。银号共收了 6000 匹土布，赔了 300 万元，但使纺织运动得到延续。采用补贴的办法，银号虽然暂时亏损，但可以保持布价的稳定，对于群众的长远利益是有利的。

为了降低纺纱、织布的成本，保证本地土布的竞争力，淮北行署采取了以下办法：“第一，奖励棉花无税进口；第二，直接由贸易局组织专门人员去产棉区购运；第三，管理进口纱布，由贸易局全部收买，然后再比本地土布较高或相等价格经过各合作社转卖给群众。”[③]通过这样的办法，既保证了军民布匹的需要，又保护了本地纺织业的发展，还可以稳定纱布的价格。

四、妇女纺织运动的意义

1. 打破了敌伪的经济掠夺，改善了民生

淮北根据地的妇女纺织运动，取得了巨大的成绩。从 1943 年 10 月到 1944 年 5 月，8 个基本中心县共发展纺车 29012 架，内有政府贷

---

①安徽省财政厅、安徽省档案馆编：《安徽革命根据地财经史料选》（二），安徽人民出版社 1983 年版，第 257 页。

②安徽省财政厅、安徽省档案馆编：《安徽革命根据地财经史料选》（二），安徽人民出版社 1983 年版，第 259 页。

③安徽省财政厅、安徽省档案馆编：《安徽革命根据地财经史料选》（二），安徽人民出版社 1983 年版，第 260 页。

车子3242架，由生产救灾委员会发给难民435架，群众自打车子25335架。8个基本县共有织布机3126架。淮北抗日根据地通过妇女纺织运动改善了人民的生活，特别是成千上万的外来难民大部分依靠纺纱解决了口粮。一般的老手纺纱，每天纺四两即可养活两到三个人。泗南坝头的范大娘、淮泗的李大嫂、淮宝蒋飞的老婆，都是通过纺纱，除了养活3口人外还有剩余。泗宿耿道元织布前连袄子都没得穿，因织布，家中有吃的还置了地。宿迁马陵镇一保三甲的朱陆氏，以纺纱为生，但在敌伪统治时，百货昂贵，纺纱难以维持生活，有上顿没下顿。根据地建立后，“这次银号贷给她八十元，她便拿此款买了三斤多纱，连闺女纺的纱开始织布。在一个月周转下，织了十五匹布，共赚四百五十元，除去这一月生活开支杂用及人情往来用去三百元，还结余一百五十元，可以买四斤多线，添在织布上。她感激地说：‘过去向人家借十块钱都是很难的，这次借到政府的借贷，使我们生活不愁了。’”①淮泗裴圩乡小刘庄的席二嫂，由于敌伪的压迫，逃难到根据地。政府发动副业生产，帮助她解决了一辆纺纱车。“她自己用四百元买两斤棉花，开始纺纱，接着政府发动贷款，借了四百多元，又买了二斤多棉花，八天她全部纺出来，计四斤整纱。借了老百姓扳梭子织布机，二天纺了四丈五尺布，卖了一千二百元，她又将全部本利买五斤三纱，三天织了八丈布，卖了三千□百元，这样接着纺纱织布卖布买花，连本加利翻了四次，得了一万二千多元，三个月中净赚一万一千六百多元，从此打下了坚固的生产基础。”②席二嫂通过纺纱，经济状况大为改善，“现在她一年到头不断能吃着小麦面、大米、油盐、酱菜，平时烧草需用钱都是从纺纱织布赚来的，现在家里还有小麦八斗、布一丈、纱布十二斤五两。平时来往客人招待得很殷勤诚恳，部队同志来，

①蔡尘洗：《银号工作在宿迁》，《拂晓报》1945年11月14日，第4版。

②王模：《两斤棉花起家，抗属席二嫂是生产模范》，《拂晓报》1945年3月17日，第2版。

她像招待亲戚一样”[①]。

2. 充实了妇女组织的内容

在淮北根据地创建之初，边区的妇救会虽建立起来了，但早期停留于上层，未转入劳动妇女与生产相结合。这使得妇救会缺乏实际活动内容。纺纱运动开展后“使许多劳动妇女纺纱训练成为干部，把过去组织改造成为有充实内容的、有生气的广大劳动群众的组织”[②]。1944 年 10 月，淮北苏皖边区 9 个县发展妇救会员 338883 人、女民兵 12851 人。完全普遍有妇救会员的共有 58 个区、428 个乡。一大批妇女干部在纺织运动中脱颖而出，泗南县干部用不完。战争本质上是双方动员能力的较量，动员妇女参与抗战必须借助一定的形式，纺织运动充分调动了妇女的积极性，通过纺织，为根据地积累了财富，打破了敌伪的经济封锁，无疑对抗战起到了重要的作用。

3. 提高了女性的地位

纺织运动的开展使妇女在经济生活中的作用得以加强，提高了妇女地位。在淮北抗日根据地，“把妇女在生产中地位提高，形成一种乡村中的风气，纺纱成了光荣和时髦的事情，会纺纱得到大家一致赞扬，形成乡村中纺纱的热潮”[③]。张哲明在淮北妇女干部会上的报告提纲中谈到了纺纱运动的意义：“巩固了妇女组织，扩大了政治影响，妇女经济权利得到了解决，政治地位也提高了，打骂的也少了，男女平等、参政的口号也实现了。”[④]泗南县管镇区自然组 17 岁的傅月娥，“去年参加了纺织训练班，学会纺纱之后，便到乡中去教旁人，从开始到现在

---

①王模：《两斤棉花起家，抗属席二嫂是生产模范》，《拂晓报》1945 年 3 月 17 日，第 2 版。

②豫皖苏鲁边区党史办公室、安徽省档案馆编：《淮北抗日根据地史料选辑》（第 5 辑），1985 年内部编印，第 187 页。

③豫皖苏鲁边区党史办公室、安徽省档案馆编：《淮北抗日根据地史料选辑》（第 5 辑），1985 年内部编印，第 190 页。

④江苏省妇女联合会、江苏省档案馆合编：《江苏省妇女运动史料选》，1984 年内部编印，第 263 页。

教会了一百多人，打破了群众的怀疑，家庭及门旁邻居，也都看到她能纺织，都对她好了，用模范的生产行动，提高了她在家庭与社会的地位。”①传统社会，男主外，女主内，妇女在经济上依赖于男性。根据地倡导妇女积极参加纺织劳动，创造了财富，其地位也得到家庭与社会的重视。

五、小结

淮北抗日根据地妇女纺织运动的开展，不仅出于满足人民穿衣需求、改善民生的目的，更出于对敌经济斗争的需要。通过开展纺织运动，中共实现了妇女动员，巩固了妇女组织。纺织运动的开展虽面临诸多困难，但根据地依靠民众、尊重实践、不断摸索，终于战胜了种种困难，保证了纺织运动的顺利开展，解决了军需民用，打击了敌伪的经济掠夺政策，锻炼了干部经济建设的能力，推动了妇女解放。抗日根据地的建设不仅考验中共带领人民武装斗争的能力，还考验中共经济建设、民运工作的能力，只有依靠民众，发展经济、改善民生，才能建立巩固的根据地，坚持持久抗战。

---

①《第二届妇女代表大会劳动英雄介绍生产经验》，《拂晓报》1944 年 3 月 16 日，第 1 版。

第三章 苏皖解放区“土改”中的妇女动员

苏皖解放区也叫华中解放区，是在解放战争期间，由华中抗日根据地的苏北、苏中、淮北、淮南等根据地合并而成。1946 年 12 月成立统一的苏皖边区政府。为了摧毁封建土地所有制，中共在解放战争期间适时将减租减息政策转变为没收地主土地，分配给农民的政策。先后颁布了“五四指示”和《中国土地法大纲》，在苏皖边区也进行了“土改”运动。复查则是对过去运动中存在的不够彻底的方面进行检查，以更深入地推动运动的发展。

一、动员妇女参加“土改”的必要性

妇女占解放区农村人口的一半，而且她们受到的封建压迫比男子更深。“她们更受着地主的鄙视、侮辱、蹂躏、摧残，因此，她们与农民既是受共同压迫的，就有共同要求。”[①]1947 年，解放区妇联筹委会提出纪念三八节的中心任务就包括“加紧及时地发动妇女参加土地改革的斗争，发动得愈多愈普遍愈好，要在农村翻身运动中同时也使受压迫的妇女翻身，使妇女能够更好地发挥她们的力量，支援爱国的自卫战争，彻底解决土地问题和参加解放区的各种建设”[②]。动员包括妇女在内的广大人民群众参加“土改”有利于解放战争的顺利进行。苏

---

①张文灿：《解放的界限——中国共产党的妇女运动（1921—1949）》，中国政法大学出版社 2013 年版，第 278 页。

②《解放区妇联筹委会提出纪念三八节的中心任务》，《东台大众》1947 年 3 月 10 日，第 1 版。

皖解放区颁布的“土改”文件《妇女问题讨论意见》指出:“在土改运动中,要想真正深入广泛地发动群众,必须把广大的农村劳苦贫雇农妇女发动起来,以土改为中心,使土改工作与妇女工作相结合,妇女运动与农民运动相结合,因为农村妇女与其他农民同受地主阶级的剥削与压迫,具有共同的要求。”①

在男子参军参战的情况下,女性在生产、拥军、支前等方面承担着更多的任务。女子天性细心,熟悉农村的琐事,对地主家庭成员的吃穿住用更为关注和了解,在“土改”中对地主的斗争更具有针对性。因此,动员妇女参加“土改”是非常必要的。启西妇筹会经过讨论,妇女们认识到“妇女要翻身,只有自己组织起来,因为妇女占人口的一半,有了组织,才能争取平等,不受欺压,贫苦农民组织了起来,团结了中农,才能彻底斗垮封建势力,自己当家作主”②。动员妇女参加“土改”,既是消灭封建制度的需要,也是妇女实现自身解放的必然要求。

二、“土改”中妇女的作用

1. 诉苦

苏皖解放区在“土改”中,积极组织妇女参加诉苦,激发阶级斗争的情绪。在苏北“阜宁 10 万妇女参加诉苦会 187 次。五分区妇女参加惩奸反霸斗争的人数占全分区参加斗争人数的 60% 以上;盐东县有 1184 名妇女跳上台去面对面地斗地主”③。

启西县合南村季家三姐诉苦说:“我自小做童养媳妇,一直被公婆小叔欺……现在有了共产党,我俚(们)贫苦农妇女真的翻身了,我要

---

①江苏省妇女联合会、江苏省档案馆合编:《江苏省妇女运动史料选》,1984 年内部出版,第 329 页。

②《启西妇筹会第二天》,《复查》1947 年第 38 期。

③江苏省妇女联合会编:《江苏妇女运动史》,中国妇女出版社 1995 年版,第 210 页。

参加妇联会,大家组织起来,以后才不会被人欺侮。”①苏皖解放区在组织妇女诉苦中将妇女的注意力从家庭矛盾转移到阶级矛盾。1947年12月25日,“启西妇代筹备会,经施竹英等八人的典型诉苦后,于下午分了六个小组,用漫谈的方式进行查苦查气查翻身,经半天深刻联系了自己漫谈后,了解了穷人究竟为啥穷。像朱家妈妈和仇家妈妈,帮了粮户十一年,仍旧苦来交差,把细(仔细)算算是被粮户剥削来苦的”②。由于在近代,男性和女性同样受到地主的剥削,中共在组织妇女运动中,需要淡化性别矛盾,从而将妇女斗争的主要矛头转向阶级敌人。

启西妇女筹备会通过组织妇女讨论,让妇女认识了自己最有用。“因为普通妇女都能够一瓤棉花做到头,平常带小官(小孩),烧来吃(做饭),做来着(做衣服)最得法,还要田里做,一年到头没有空闲最辛苦,在抗日时期供给了前线战士的衣服鞋子。”③广大妇女参加诉苦运动,使贫苦农民受到了阶级教育,认识到了贫困的根源,从而自觉地参加“土改”斗争。

2. 清算浮财

妇女在“土改”清算浮财的过程中也起着重要作用。妇女对挖浮财更能做到细致入微,往往能从最容易忽视的地方挖出金银细软。“如皋县卢港区鞠家庄桃源村妇女在挖浮财时,在不被人注意的地方挖到手枪一支,在猪圈里及坏屋墙角下挖出银元、粮食,草堆里扒到了衣服、布匹等。”④“涟东张庄村以劳动妇女为主组成六十多个妇女奋勇队,将本村封建地主‘还乡团’张敬之女人带到大会上进行控诉。丁大嫂子说:‘我家种张家田,我病了三个月还不让我休息,今天喊做这

①《合南村成立妇联会,张慧芳季二姐当选村代表》,江苏省档案馆藏档案,档案号:GB-020-015-011。

②《启西妇筹会第二天》,《复查》1947年第38期。

③《启西妇筹会第二天》,《复查》1947年第38期。

④江苏省妇女联合会编:《江苏妇女运动史》,中国妇女出版社1995年版,第210页。

样，明天喊做那样，一脚不到就要骂，连一个钱都不给，我受他家的利债滚剥和地租剥削弄得无法生活，只好出去逃荒要饭。’赵大嫂说：‘我们这次斗争地主要和男子一样坚决。’在全体妇女的一致要求下，将张敬之家的浮财家具全部搬出，又将张敬之女人私藏的包袱也逼出来。阜宁新沟区王桥乡妇女，揭发当地干部评定计桥地主计洪章是中农的偏向，重评为地主，并一齐（起）向计洪章清算过去被他剥削的血债。建阳秉文乡斗争地主时，妇女孙继游跑上台责问斗争对象周克坤恶老婆，淮安郝渠区横沟乡刘老奶奶在清算会中积极诉苦说：‘我家拿了张步文家十吊钱，三年就被他滚去三亩屋基地要求算田。’建阳建湖区夹景乡地主姚得保女人想请茂大奶奶替他家藏衣服，茂大奶奶在全场当面揭穿姚得保女人的阴谋。高作区大陆乡七十多岁的武老奶奶运清算回来的东西，连中饭都忘了吃。”①

苏中解放区将妇女工作与“土改”清算、挖浮财等工作相结合，避免妇女运动没有实际内容。通过斗争地主，挖浮财，妇女可以获得胜利果实，对吸引妇女参加“土改”复查运动具有积极作用。如龚万英等人报告了方心乡合南村的典型工作：“我们工作不是单独搞的。我们村里自恢复后，工作不是单独搞的，像查阶层查根底的，发动妇女大家来查，大家来评，斗封建挖黑财时，就动员妇女大家斗大家挖，随时随地和整个运动结合，这样会议就不空头，像合南村的谭家妈妈陆顺之娘子，能够和封建面对面斗争，卞守英触火的时候，用指头触到封建的面孔上，在斗封建徐同新的时候，男人斗勿（不）下，高振玉上台说：‘你还不剥削吗？以前要帮你的辰光（时候），梳梳头都无得（不能）梳得，你给几铟一天工资，你自己算算看，共算出了五十六担粮食，像挖黑财的时候，我们妇女能够用三脚架动手吊打，说明了妇女的斗争性是相当强大且是会取得很大作用的。’”②如皋县的妇女也参与挖浮

①《五分区各地妇女刨封建根不落人后》，《苏北日报》1947 年 9 月 12 日，第 1 版。
②《启西妇筹会第三天》，《复查》1947 年第 39 期。

财，“芦港区鞠庄乡桃园村地主余长家，起初穷人向他追浮财，他坚决说没得，群众都晓得他是个笑面虎，一定要追，在二月廿四日，吴池、桃园两村就结合起来去追，桃园村妇女倪秀芳挖到七轮手枪一支，蒋秀英、吴秀英在猪窠里间最坏的屋墙脚底下，挖出一百廿块洋钱，又在地下挖出杂粮，草堆里扒到衣服布粮等，挖出后大家都说：‘我们一定不能受地主骗，他匿得好，我们找得到。’”[①]在清算浮财的过程中，男性由于乡村宗族、家族关系的影响，往往碍于情面，斗争放不开手脚，而女性主要来自于其他社区，在斗封建挖浮财中往往可以不顾情面。

3. 拥军、优属、支前

在“土改”过程中，解放战争还在继续，许多地方处于国共双方军队的激烈争夺中。苏皖解放区的妇女在动员男性参军中也发挥了重要作用。在盐阜根据地“蒋西区扩大会上，三十六个妇女代表，经过了诉苦，激发了仇恨，大家认识到只有扩大武装，把国民党反动派全部消灭掉，才能报仇雪恨，永远太平。张葛乡周仁英丈夫被敌人活窖（埋）掉还不肯（让）收尸，兄弟父亲都被敌人打死，止不住大哭起来说：‘家内人都被反动派杀掉了，无人送来参军，保证动员一个年轻力壮的人参军。’接着凌恒与凌芬英二人保证送哥送弟参军报仇，在会上并帮助男同志打通思想，提出挑战和保证，鼓励男同志参军报名的勇气，最后妇女代表也提出了挑战，一共保证动员卅六人参军”[②]。宿迁的妇女积极参与优待军属工作，为军属收获粮食。“宿迁刘集区大兴乡瓦房村姊妹团团长吴大姐和妇救会会长侍大嫂，因村里干部都带民兵出去了，湖里豆子都能收了，就自动召集全村妇女，替没劳动力的工抗属和出发民工家收豆子，头一天二十三张刀，两天替五户工属收四十四亩，抗属八户收九十八亩，出后勤七户，收六十五亩，共帮助二十户收豆子

①《桃园村妇女挖浮财挖到七轮枪》，《如皋大众》1948 年 3 月 7 日，第 3 版。

②马安琪：《蒋西区妇女代表保证每人动员一个参军》，《参军快报》1948 年 12 月 10 日。

二顷零七亩。”[①]妇女积极参加优属工作为解放战争和“土改”腾出了大量的人力资源，保证了“土改”的顺利进行。

靖泰县太和区扩大会上，妇女代表单独开会讨论妇女如何做参军工作。“朱纪英说：‘毛主席领导我们妇女解放，我们也要扩大武装保翻身，不能参军打仗，也好做后方工作，做代耕、做军鞋。’魏雨珍说：‘我回去动员我的表哥和未婚夫。’曹叶武说：‘我也动员丈夫去参军。’有很多人保证动员哥哥、弟弟、邻居、表兄等参军，各人都承认了数字，周英芳说：‘我决心日夜不睡组织妇女起来做。’其他关于组织妇女的路线及做鞋子慰劳等问题都讨论得很具体。”[②]章蕴在《谈谈华中的土地改革》的报告中谈到了妇女在“土改”斗争中的作用。妇女成了支前和进行后方工作的一支主要力量，如磨面、做军鞋、照顾伤员等。“磨面这种活可不轻，军队几十万，再加上民夫几十万，就是百把万，完全靠群众磨面供应！特别是妇女出力最大，有时一连磨三个晚上不睡觉，甚至有一晚上磨三斗粮的，磨得手上起很大的泡。”[③]刘瑞龙在《关于北线三个月后勤概况与今后方针》的报告中谈道：“沭阳曙红区妇女几月来缝了二万八千套军衣；章集区妇女几月来磨面二千三百(担)，军衣三百套，军鞋五百双，十七个妇女学会掌犁耕地，参加女模范队的有二百人。潼阳茆圩区上旺姊妹团，完成了二万二千个急救包，磨面三十万斤，缝衣二千五百件，套被子一千零九十五床，做鞋子二百四十九双，募捐一千八百多个鸡蛋，全区共有八处姊妹团的岗哨。”[④]妇女积极拥军优属支前，有力配合了前线的战事，为解放战争的胜利提供了强大的后勤保障，使解放军获得了源源不断的人力、物力支持。

---

①李默章、凌树立：《瓦房村妇女帮军工属收秋豆》，《淮海报》1948年10月6日，第2版。

②《太和区代表讨论妇女如何配合参军》，《参军快报》1948年12月18日。

③中华全国妇女联合会妇女运动历史研究室编：《中国妇女运动历史资料(1945.10—1949.9)》，中国妇女出版社1991年版，第180页。

④朱耀龙、柳宏为：《苏皖边区政府档案史料选编》，中央文献出版社2005年版，第538页。

三、女性参加“土改”的困难与顾虑

传统女性活动的空间十分有限，她们被排挤于社会政治活动之外。要动员女性出来积极参加“土改”、清算、复查运动，并非易事。

1. 受传统观念束缚，畏惧舆论压力

传统社会讲究“男主外，女主内”，“男女授受不亲”。在乡村社会，妇女抛头露面是十分忌讳的事情。在“土改”复查工作中，要动员妇女出来参加工作也阻力重重。1947年，阜东县麋滩区召开区委扩大会，确定在“土改”复查工作中重视妇女的作用，大量培养与提拔妇女干部参加政权的领导工作。该区干部检讨了妇女工作的几种错误认识：“一、动员妇女出来工作，怕人家说不好听的话。二、认为自己老婆‘死脑筋’，人家老婆也难动员，如左云说：‘我老婆被打三回，太顽固了，没法动员。’三、出来男男女女像什么东西，妇女难组织，认为好组织的妇女‘全不好’。”①如在苏北泗沭县：“过去很多丈夫是靠妻子吃饭的，然而丈夫，依然保持了他的特权，妻子仍守着‘夫唱妇随，嫁鸡随鸡’的老一套，因此今天不仅妇女思想上如此，群众的思想如此，即干部本身在思想上亦没有从精神上认识——不敢接近妇女，男女接触总不顺眼，对妇女工作无信心等。”②盐阜根据地的射阳二塔区，有个坏老妈子，“瞎嚼一头，说妇女活丢人，参加妇救会，就是想找男人”③。

由于受传统观念的束缚，妇女走出家庭，参加“土改”斗争，往往受到家庭和长辈的阻挠。启西县决心乡庆平村，“在此次复运中，大部分妇女，都参加开会与斗争，但其中有两个妇女，没有发动出来。一个叫沈士英，今年十八岁，她七岁死了娘，一直在后母手里过痛苦日子，在

---

①姜一人、杜国彩：《麋滩区委扩大会深刻检讨妇女工作，土复中决心发动广大妇女》，《苏北日报》1947年9月12日，第1版。

②《泗沭十区一个月的妇女运动》，《苏北报》1945年12月26日，第1版。

③《哪个再瞎嚼，打他嘴巴子》，《盐阜大众》1946年3月12日，第2版。

这次运动中，她偷偷逃出来，要参加妇联会，但她家庭束缚很厉害，沈士英到哪里，她父母跟到哪里”①。在江苏睢宁县的妇女宣传材料中，有一首民歌叫《糊涂》，其中有一段讲的是母亲阻止女儿参加工作：“人家女儿参加妇救会，你把女儿关在屋，妈妈娘，你好糊涂，哎哎哟，我也要自由。”②

2. 轻视妇女与自我轻视

在乡村社会，不仅男性轻视妇女的作用，女性本身也自我轻视。如海启县二激区“二月廿八日召开妇女大会，到会有一百六十二人，有的老妈妈带了小孩子，也来出席会议。大会经过了刘家妈妈、范小妹典型诉苦后，接着大家进行漫谈，在漫谈中谈到过去妇女为啥勿动，有这几个原因：一、因为封建势力还不打垮，封建意识还很浓厚，妇女仍认为大事情应由男人做得，自己只能做做针线，看家带小官，洗锅灶等事情，怕羞人出来工作。二、命运观点，大家认为命不好投了妇女，有啥话头。三、妇女气量狭隘，碰到钉子，就要灰心，有啥小事情，带要闹意见。四、个别妇女勿正派腐化，有些出来是为了解决婚姻问题，因此弄得好人勿高兴出来参加妇联会。最后，大会针对着以上情况强调妇女要出来当家作主，在政治上和经济上应该和男人平等”③。一些基层男性干部受传统观念影响，未能认识到妇女在革命中的作用，麋滩区在“土改”复查工作中仅把妇女工作当作附属工作，这种认识观念也影响了妇女参加“土改”复查工作。

3. 部分妇女思想保守，拖尾巴

在“土改”复查、参军动员的过程中，部分妇女思想保守，顾及家庭利益，采取了拖尾巴的做法。如盐阜根据地泰塘区朱蒲税所所长李汝

①《庆平村成立妇联会，沈士英吴士芳当选代表》，《复查》第36期。

②睢宁县妇女联合会编：《睢宁县妇女运动史料（1919—1949）》，1991年内部编印，第112页。

③季桂芳、朱永昌：《二激区妇女大会上，查出妇女未发动原因》，《海启大众》1948年3月14日，第2版。

家的老婆,“第一次家庭听说他参军,老婆同他淘气打架,想拖尾巴,他睬也不睬,决心参军上主力,第二次旁人为了做个和事佬,怕他老婆作气,来劝他不要去参军,被他骂回去了,说参军是光荣,你不要我进步要我落后吧!第三次是区□会上报了名不批准,连打了三张报告请求批准”[①]。1948年10月,淮海总妇会在《告淮海妇联会员书》中提道:“有少数妇女脑子里不清楚,表现自私自利,如磨军粮掺假,又粗又黑,又不及时,看到队伍来,妇女不积极去欢迎,让房子给队伍住,反而嫌麻烦,有时把桌子、门板、凳子收藏起来,看到儿子和丈夫兄弟出后勤,就说怪话,背地拖腿,瞒岁数偷送走,这种现象是不对的,如不转变,就直接影响前方仗打不好。”[②]

四、克服困难与顾虑的办法

1.提高妇女的思想觉悟和文化水平

在传统社会,重男轻女。由于妇女被剥夺了接受文化教育的权利,大部分农村妇女缺少文化,难以胜任革命斗争的需要。因此,苏皖解放区通过一系列形式开展妇女文化教育,提高其文化水平。淮海根据地的涟水县“教育妇女思想上翻身,反对封建重男轻女”[③]。阜东麋滩区要求“组织妇女读报组、学习组,帮助妇女文化翻身”[④]。阜东五汛区“河东村妇女未求得自己的真正解放,遂组织妇女学习小组,日里做生活,晚上到村学里去上课,并自带油灯。他们说:‘我们要与男人们肩并肩,我们的头脑就要开化,懂得些大道理才对。’”[⑤]阜东十一分区翻身妇女学习文化的要求迫切。“滨海张集区月港干校特别组四个

①周振中《李汝家参军决心大,不让老婆拖尾巴》,《参军快报》1948年12月11日。

②睢宁县妇女联合会编:《睢宁县妇女运动史料(1919—1949)》,1991年内部编印,第107页。

③《土复中做好妇女工作》,江苏省档案馆藏档案,档案号:GB-016-032-030。

④姜一人、杜国彩:《麋滩区委扩大会深刻检讨妇女工作,土复中决心发动广大妇女》,《苏北日报》1947年9月12日,第1版。

⑤《活跃在各县的妇女》,江苏省档案馆藏档案,档案号:GB-009-038-037。

妇女识字班帮助附近妇女学习。月港干校教师为帮助附近之石沈庄、西沈庄、高庄妇女学习文化,共组织了五十三个妇女按自然村编成了四个学习小组,并根据妇女自己讨论,订出了制度:有事要请假,不能随便不来,上课时以鸣锣为号,一吃过中饭即到学习地点。自八月七日开学以来,她们的学习情绪一贯很高,如高庄村妇女在先生来到之前,组长就将大家集合好,在那里写字认字;月港妇女高庆芳把晚饭锅煮好了,一个人到俱乐部黑板上去学写字。本来规定隔日上课,但高梅贵、李兰、刘亭玉、薛梅章等人都是今天到三组明天到四组去赶着学习。上课的先生走了之后,组长还领导大家学习一个(段)时间才去。"①通过教育学习,妇女打破了传统的性别角色思想,提高了文化水平,从而更加胜任"土改"的各项工作。同时,也改变了乡村社会对妇女角色认知上的偏见。

2. 解除家庭顾虑,增强妇女自信心

为了消除妇女中存在的参加"土改"斗争与承担家庭责任难以兼顾的思想顾虑,苏皖解放区号召妇女克服困难,树立自信心。1947 年启西妇筹会总结了组织妇女必须打破三个关:"①家庭关:甲、当了家跑不出。乙、小官吵。丙、公婆男人要养活。②决心关:甲、自己看不起自己。乙、怕羞人。丙、怕红。③命运关:甲、女人是女人,奈做事体(怎么做事情)。乙、命八字注定做女人事体。丙、做点好事好(意思是斗争是不对的)。"②也就是说,要动员妇女参加"土改"工作必须解除家庭顾虑,增强妇女的自信心。张怀秀是涟东县淮浦乡的一个贫农,国民党军占据涟城后,无缘无故加了他当新四军的"罪名",把他 60 多岁的老母亲和老婆孩子抓去坐了 20 多天牢,不知受了多少罪,还花了好多钱才保了出来。涟城解放后,他决定去参加解放军报仇,但怕他母亲和老婆拖后腿不让他去,于是随即对他妈妈说:"你放心,我

---

①《苏北日报》1947 年 9 月 12 日,第 1 版。

②《启西妇筹会第三天》,《复查》1947 年 12 月 22 日,第 39 期。

决定报仇,现在乡里参军,我参加到部队去,替你老报仇吧!”经过他这样的动员,妈妈思想通了。他又问到老婆:“你同意吗?”老婆说:“我不问,妈妈同意你走就去!”他妈妈说:“只要你媳妇肯。”通过思想动员,张怀秀的母亲解除了顾虑,不再反对儿子参军。在解放战争和“土改”运动中,妇女们除了自身直接参加斗争外,其对丈夫、儿子的支持与理解与否也关系着革命能否获得足够的人力支援。

针对妇女的苦命思想,苏皖解放区政府帮助其搞通思想,增强自信心,打破命运观念。如皋县渡军井区妇女代表大会上,“讨论妇女命里苦,夏宝贵妇女说:‘我们要带孩儿,烧饭,不然新四军今天都要没得吃了!’石奶奶说:‘过去封建说我们妇女雪花儿命,新四军来,手上银镯头也套起来了,瓦屋也住起来,过去是地主剥削穷的,受了骗,现在到了我们发财命。’会上解决了妇女不是命穷,还讨论了婚姻问题,当场帮高文珍解除了婚约”①。通过宣传、教育与解释,妇女逐步确立了男女平等的思想,打破了妇女命苦的观念,增强了妇女参加“土改”复查工作的自信心。

3. 提高妇女的经济权益

传统社会妇女几乎不掌握土地权、财产支配权。在“土改”复查中,解放区确立妇女产权,保障了妇女的经济权益。同时,在胜利果实的分配中对女性予以照顾,从而提高了妇女参加“土改”复查工作的积极性。“土改能否吸引妇女群众积极参加的一个因素,是能否恰当地协调处理农民阶级的整体利益和妇女群体的特殊利益。”②如阜东县麋滩区要求做到“妇女参加复查斗争,要田要契,确立产权,提出‘要得妇女大翻身,分得天地安下根’等口号”③。淮海根据地的涟水县在

①《渡军井区开妇代会,搞通妇女认为命苦思想》,江苏省档案馆藏档案,档案号:GB-015-005-021。

②耿化敏:《中国共产党妇女工作史》,社会科学文献出版社2015年版,第324页。

③姜一人、杜国彩:《麋滩区委扩大会深刻检讨妇女工作,土复中决心发动广大妇女》,《苏北日报》1947年9月12日,第1版。

“土改”复查中要求做好妇女工作，“通过复查工作，提高妇女觉悟，树立产权，解决妇女困难”①。章蕴曾经讲“苏中、盐阜、淮海这些地方男女一样分地，妇女分了就是妇女的；妇女有了财权，寡妇改嫁也可以把财产带走”②。通过提高妇女权益、确立妇女产权，苏皖解放区把“土改”与妇女自身的利益直接挂钩，她们积极参加“土改”复查工作就是为自己争权益，因此，革命积极性得到提高。

4. 培养妇女干部

为了调动妇女积极参加“土改”复查工作，根据地大量培养、提拔妇女基层干部，让她们在基层政权中发挥作用。“据苏中地区统计，土改后参加工作的新干部中，女干部占到五分之二；泗阳县在民选、乡选中产生了女乡长 78 名，女村长 337 名；华中五地委 1947 年统计，担任乡以上职务的女干部有近 500 人，女党员有 3000 多人，淮安县还出现苏北第一个女县长孙兰。”③阜东县麋滩区培养妇女干部的办法是“在政治上提高妇女，培养妇女领袖的威信，帮助妇女解决实际困难，提拔优秀的妇女干部参加乡、村政权的领导”④。“土改”复查工作需要得力的妇女干部，“通如刘桥区新民村在铲墩填塘中，产生了村妇女代表，但是个空架子，实际上深塘儿妇女没有发动起来，开会总要三请四邀，到会的还只有少数，发言的总是些二流子妇女，会场很冷淡。经领导上研究原因，才知道这个村妇女代表和村长腐化，群众说她不正派，工作做不好，不能团结人，因此贫雇农妇女就不高兴参加妇联会，有的家庭也不允许。发现了这些毛病后，便把妇联代表交群众审查，让群众审查后决定撤了职，即召开全村妇女会，重选代表，大家订出条件，

①《土复中做好妇女工作》，江苏省档案馆藏档案，档案号：GB－016－032－030。

②中华全国妇女联合会妇女运动历史研究室编：《中国妇女运动历史资料（1945. 10—1949. 9）》，中国妇女出版社 1991 年版，第 179 页。

③江苏省妇女联合会编：《江苏妇女运动史》，中国妇女出版社 1995 年版，第 214 页。

④姜一人、杜国彩：《麋滩区委扩大会深刻检讨妇女工作，土复中决心发动广大妇女》，《苏北日报》1947 年 9 月 12 日，第 1 版。

因为妇联会是要领导妇女翻身的，选举要捡根底深、忠实、斗争性强、思想正派的，结果选了个是小媳妇出身，平时老实朴素的钱连贞，做妇联代表。钱连贞当选以后，起早带晚地做工作，动员开会，组织深塘儿妇女，一向被压迫的深塘儿妇女都高兴地说：'这次妇女又要翻身了。'"[①]盐阜根据地射海区渔民乡南坎村的吕春芳在"土改中，她光荣地参加了共产党。她日夜帮干部忙着发动群众，组织妇女工作。由于她工作积极，去年三月内，全村又同意她当了村长"[②]。大批妇女干部的培养，给广大农村妇女起了模范带头作用，使她们认识到自身的能力，带动了广大妇女走出了家门，锻炼了参政能力，在"土改"运动中发挥着重要的作用。

五、小结

在封建土地所有制下，广大贫苦妇女也是被剥削者，苏皖解放区积极动员妇女参加"土改"复查运动，妇女在"土改"复查工作中发挥了重要的作用。虽然解放区在动员妇女参加"土改"复查工作中遇到了种种阻力和制约，但是苏皖解放区政府通过一系列措施，克服各种困难与顾虑，成功地动员了妇女参加"土改"复查工作，从而有力地支持了解放战争的胜利。

---

①《新民村妇女没发动，大家重选领头人》，江苏省档案馆藏档案，档案号：GB－004－015－008。

②钱维民、皋古贤、朱纶章：《女村长吕春芳》，《盐阜大众》1949年9月5日，第3版。

第四章　淮北抗日根据地的抗属优待工作

抗战时期，新四军第四师所在的淮北抗日根据地不仅注重武装斗争，也十分重视社会建设，其中包括对抗日军人家属的优待政策。关于根据地优待抗属的研究，主要成果有汪效驷、李飞的《陕甘宁边区优属政策及其实施效果》[《湖南农业大学学报(社科版)》,2013 年第 5 期]、李军全的《军事动员与乡村传统:以晋察冀抗日根据地优待抗属为例》(《历史教学》,2011 年第 1 期)等。但是，关于华中根据地抗属的研究还比较薄弱，特别是从政府与民间互动视角开展研究的成果更是屈指可数，如抗属的生活状况与乡村的经济生产条件是何关系？参军对农民的家庭经济生活有何影响？以往的研究成果可能只关注了劳动力外出对抗属生活造成的困难，而对于参军给抗属家庭带来的出路则关注不够；对优抗措施的积极效果研究较多，而对优抗过程中面临的难题研究不够。从革命政策与乡村习俗互动与纠葛的视角来开展根据地社会史的研究有利于突破传统的革命史研究范式。

一、抗属的生存状态与优待抗属的必要性

根据 1941 年 1 月 30 日颁布的《淮北苏皖边区优待抗属暂行条例》规定，抗属指的是“各抗日部队之军人嫡系家属(父母、妻子及同居弟妹)”①。为了巩固和壮大抗日根据地，中共需要充分地动员民众参军参战。但是，淮北根据地的经济十分落后，对长期经受贫穷困扰

①中共河南省委党史资料征集编纂委员会编:《豫皖苏抗日根据地》(一),河南人民出版社 1985 年版,第 155 页。

的百姓来说，仅仅讲抗战的民族大义是不够的，解决抗属的土地和温饱问题才能有效地吸引民众参军参战。在淮北根据地，战士的来源主要是贫苦农民，抗属由于家中主要劳动力的参军，在生活上面临种种困难，比如劳力的缺乏、土地和其他生产资料的缺乏、受宗族势力的压迫等。如淮宝县长盛乡的袁乾“被动员到××旅去当兵了，由他妻子带着六个小孩子在家，大儿子廿岁，大闺女十九岁……家有廿二亩地，只有三个人下地，家里没有一条牲口，本来每年能收廿二石粮食左右，因为肥料及牛力缺乏（虽有代耕，但代耕队员没有很好地负责代耕），今年已减收到六石五斗粮食、五十斤旱烟和十斤白芋”①。袁乾的地并不少，主要的困难是缺乏肥料和劳动力。

该村的袁守银“在公安局当兵，家有六口人都能下地，但家里只有十四亩湖地，一条牲口也没有，今年只收了四石粮食和十石山芋，这家的主要要求是调剂一些土地给他种”②。

还有的抗属则是因为没有势力受族人欺压，利益受损。如袁超立“大哥哥朝茂参加××旅，有廿四亩地，家里只有娘儿俩，有半条牛，今年收粮三石六斗、旱烟五十斤、山芋七担，他要求收回嗣地，因为二爷死了无后，应该朝茂承继，朝茂去当了兵，二爷的地被三爷四爷拿过去了一半”③。

抗属生活困难的具体原因虽然各有不同，但根本原因还在于农村生产条件的落后。传统小农经济生产能力很低，工具的改进、肥料的投入、良种的改造都无从谈起，因此产量十分低下，即使不参军，一般农民的家庭生活也十分贫苦。如袁朝祥，“儿子在县联救当通讯员，家里有五口人，二人能下地的，有地廿七亩，今年收粮八石，三儿子是剃须匠，每年还能收几石粮的工资，因为地多，只有半条牛，到农忙时，人少不够忙，雇人雇不起，因此他要求农忙时，帮助他十个锄工”④。由

---

①孟东波：《优待十七家抗属》，《政府工作通讯》第21期，第16页。

②孟东波：《优待十七家抗属》，《政府工作通讯》第21期，第16页。

③孟东波：《优待十七家抗属》，《政府工作通讯》第21期，第17页。

④孟东波：《优待十七家抗属》，《政府工作通讯》第21期，第16—17页。

于淮北地区地瘠民贫，农业的产量极其有限，一般民众基本生活在温饱线以下。除了土地贫瘠，生产工具落后、资金缺乏同样导致生产落后。优待抗属的意义不仅在于解决其生活困难，更为重要的是，参军的农民家庭可以通过优待改善生活，这对农民是很有吸引力的。

为了有效地动员民众，必须优待抗属，使抗日军人家庭的生活得到改善。1943 年 11 月 25 日颁布的《淮北苏皖边区行署训令——关于贯彻优抗工作的补充指示》指出："切实进行优抗是掀起广大群众参军运动的重心，解决抗属生活困难，是巩固扩大部队的关键。"①苏皖边区民政厅副厅长孟东波在《如何健全各级政府的民众工作》报告中指出："现在正在开展着广大群众的参军运动，除应加强政治动员外，解决抗属的实际困难，彻底解决抗属生活问题，才能保证扩军任务的完成，应当把优抗工作列为参军运动主要部分之一，不应当扩军以后再进行优抗，而应当同时进行。"②只有解决了抗属的生活困难，提高其生活水平，才能鼓励农民踊跃参军。新四军第四师政委邓子恢在《关于今年扩大地方军几个基本问题》的报告中指出："拥军优抗工作是巩固部队、提高部队战斗情绪的重要一环，也是扩军工作的前提条件。军队在群众中地位不高，抗属优待不好，则现有部队难以巩固，要扩大新兵更属难事。因此，各级党与政府、各民众团体必须把拥军优抗作为自己分内之事，作为经常工作；在今天扩军更需首先检查这一工作，切实把它做好，这是很重要的问题。"③

淮北抗日根据地制定了许多优待抗属的法令政策，并注重对优抚工作的宣传。如 1942 年《淮北苏皖边区行政公署施政纲领》规定："实行参战动员，发动民众参加抗日军队，参加各种抗战勤务，优待抗日军

---

①豫皖苏鲁边区党史办公室编：《淮北抗日根据地史料选辑》第 2 辑第 2 册，内部资料 1985 年，第 33 页。

②豫皖苏鲁边区党史办公室编：《淮北抗日根据地史料选辑》第 2 辑第 2 册，内部资料 1985 年，第 25 页。

③邓子恢：《关于今年扩大地方军几个基本问题》，《拂晓》第 1 卷第 14 期，第 9 页。

人家属，动员民众协助抗日军，并配合抗日军队作战。”[①]此外，淮北抗日根据地还组织了社会保障机构来开展优抚工作。县设立民政科，乡设优抗委员会。民政部门的职责之一就是抚恤优抗。淮北区要求建立和健全优抗及抗烈属组织：各乡优抗委员会，要吸收一定数目的抗烈属代表及荣誉军人为委员，参加工作。切实组织抗属协会，并加强抗属协会的领导。新四军第四师师长彭雪枫在《我们是政府的卫队和老百姓的护兵》的报告中要求部队将优抚工作常态化：“不论主力与地方武装，从团到连，每到一地，应根据中心区、边缘区之不同，定出自己与地方的联系计划，派出代表与地方党、政府、群众团体接洽，凡驻军三天以上的，都应具体分配自己的同志去帮助冬学，协助民兵，慰问抗属，参加耕作。”[②]由此可见，淮北根据地的领导人对优待抗属工作是十分重视的。

二、淮北抗日根据地优待抗属工作的措施

1. 解决抗属基本生存需求

淮北抗日根据地通过颁布优待条例，解决抗属的基本生存需求问题。如粮食、住房、教育、医疗和婚丧等费用。1943 年颁布的《淮北苏皖边区优待抗日军人家属条例》规定：“公有土地、房屋、场所、器具、物品、出租、出卖、出借或分给人民时，抗属有优先承受权，如有争执，贫者占先。”[③]还规定“抗属子弟入学免除书籍学费，其家境困难者，并免膳费”[④]。“公立医院，抗属得免费治疗，如无公立医院而抗属家境贫

①中共河南省委党史资料征集编纂委员会编：《豫皖苏抗日根据地》(一)，河南人民出版社 1985 年版，第 240 页。

②彭雪枫：《彭雪枫军事文选》，解放军出版社 1997 年版，第 627 页。

③豫皖苏鲁边区党史办公室编：《淮北抗日根据地史料选辑》第 2 辑第 1 册，内部资料 1985 年，第 313 页。

④豫皖苏鲁边区党史办公室编：《淮北抗日根据地史料选辑》第 2 辑第 1 册，内部资料 1985 年，第 313 页。

困者，由乡优抗会设法治疗”[①]。对农民来说，吃饭问题、住房、子弟的教育都是基本的生活需求，通过这些措施，解决了抗属的基本生存问题，也使抗日军人无后顾之忧。此外，婚丧嫁娶也是农民人生的重要关口，如果家庭贫困，则无以应对。根据地规定：“贫困抗属因修筑房屋、运输及婚丧嫁娶需要协助时，由乡优抗会动员群众予以人力物力之帮助。”[②]对于困难抗属，根据地还给予生活救济。“定期救济，每年分四期进行，依抗属之生活状况，分成等级，规定固定数目，粮食或金钱。”[③]对于伤亡战士的家属，根据地发给一定的残废金或抚恤金，帮助其生活。1941 年 12 月 25 日，《淮北苏皖边区优待抗属暂行条例》第七条规定：“因抗战牺牲或残废之抗属除优待外，由行政公署发给抚恤金或残废金，并予以表扬。”[④]淮北《二联乡调查》讲到淮北根据地的西沙村，“四月，慰劳抗属，大麦六点九斗，大秫秫二点二斗，五十五元（折粮一斗），张广志出大麦一斗……中秋优抗，六斗粮（约数）。帮助抗属殡葬费，二点五斗”[⑤]。淮泗地方干部吴森仁在宋庄附近与驻三岔豆瓣集之伪军作战负伤殉国。张爱萍、邓子恢在《给吴森仁烈士家属的唁函》中指示地方政府：“你们即在全县举行隆重追悼大会，并转饬淮泗地方政府按照烈属抚恤优待条款抚恤。再送洋 5000 元，聊表慰问之忱！”[⑥]泗南县东门区王荣亚区长，在与敌伪激战中，因伤牺牲，受到了淮北苏皖边区行政公署的褒扬，并发给其家属抚恤金三百元[⑦]。

①豫皖苏鲁边区党史办公室编：《淮北抗日根据地史料选辑》第 2 辑第 1 册，内部资料 1985 年，第 313 页。

②豫皖苏鲁边区党史办公室编：《淮北抗日根据地史料选辑》第 2 辑第 1 册，内部资料 1985 年，第 313 页。

③豫皖苏鲁边区党史办公室编：《淮北抗日根据地史料选辑》第 2 辑第 1 册，内部资料 1985 年，第 313 页。

④豫皖苏鲁边区党史办公室编：《淮北抗日根据地史料选辑》第 2 辑第 1 册，内部资料 1985 年，第 87 页。

⑤豫皖苏鲁边区党史资料征集编研办公室编：《淮北农村调查》，内部资料 1984 年，第 131 页。

⑥北京新四军暨华中抗日根据地研究会淮北分会、江苏省泗洪县新四军历史研究会编：《邓子恢淮北文稿》，人民出版社 2009 年版，第 375 页。

⑦《政府工作》第 5 期，第 38 页。

对烈士的抚恤使其家属的生活得到了基本保障。

2. 组织节日慰问

淮北抗日根据地政府和军队领导经常给抗属拜年表示慰问。《中共淮北区委关于开展地方拥军运动及部队拥政爱民运动的决定》要求"由区、乡政府及群众团体组织拜年团,慰问抗烈属及荣誉军人。发动群众直接慰劳(把慰劳品由群众直接送到抗烈属及荣誉军人家中,不必经过区、乡政府)"①。淮北妇救会号召妇女积极开展对抗属的慰劳活动:"每年春节要发动会员,组织妇女拜年队,替抗属小孩做鞋一双,募捐粮草蔬菜等慰劳品。"②

除了拜年以外,在一些重要的节日,根据地的领导和民政部门、优抗机构的人员也经常慰问抗属。慰劳抗属已经成为一种制度,比如在中秋节主动送菜送月饼。淮北行署秘书主任赵敏在《淮北苏皖边区行政公署直属区二十五天的粮食工作总结》中提到慰劳抗属的情况:"优待了三百五十五户,计减免公粮五十余石。八月中秋节各乡请抗属吃饭,计到一百四十三户,各乡送月饼、粉条、果品、蔬菜等节礼,共一千二百九十七元。"③华中分局副书记刘瑞龙回忆:"部队修整,妇救会的同志,给战士缝补军衣,拆洗棉被。人民对自己的军队,情同骨肉,亲如一家。平时,他们给抗日军人家庭代耕代种,乃至修房垒圈,扫地挑水,无不尽力照顾。每年端阳、中秋,干部登门慰问。春节,村里的花灯、旱船,先给抗属演出拜年。抗日军人家属,受到优待、尊重,前方战士解除了后顾之忧,个个龙腾虎跃,英勇杀敌。"④拜年和节日慰问使抗属既在物质上得到了帮助,解决了生活困难,又在精神上得到了安慰,提高了抗属的社会地位。

---

①中国人民解放军历史资料丛书编审委员会编:《新四军文献》(4),解放军出版社 1995 年版,第 970 页。

②《拂晓报》1944 年 4 月 11 日,第 4 版。

③安徽省财政厅、安徽省档案馆编:《安徽革命根据地财经史料选》(二),安徽人民出版社 1983 年版,第 32 页。

④刘瑞龙:《刘瑞龙回忆录》,安徽人民出版社 1991 年版,第 125 页。

3. 解决抗属土地和生产资料问题

土地是最重要的生产资料，在乡村社会，农民具有浓厚的土地情结。淮北抗日根据地积极解决抗属的土地问题。淮北根据地泗南县陈岗乡规定："今后解决抗属土地问题，原则上先抽公家的地，其次是地主自耕地，再次是富农及佃富农（均要自愿）。抽公地要照顾佃农的生活，不能认为凡公地都可抽，至于给抗属多少，以维持生活为准。"①1942年3月13日颁布的《淮北苏皖边区垦殖暂行条例》规定抗属有垦荒的优先权："一、不论公荒、私荒一律准许民众依本条例进行垦殖，抗属有优先权。二、公荒由当地县政府分配给抗属、难民、贫苦农民开垦，土地所有权归承垦人，二年内不缴田赋公粮……五、抗属、贫民、移民因垦殖缺乏屋舍、农具、种子时，当地政府设法协助。"②《淮北苏皖边区第二届妇救代表大会决议案》号召妇女帮助抗属解决土地等生产资料缺乏的问题："用群众集体的力量来解决抗属的田地粪土、耕、种子、房子……问题。"③通过政府帮助，解决抗属的土地等生产资料问题，取得了较明显的效果。孟东波在《一九四四年上半年民政工作初步总结》中举例："盱凤嘉桃溪村有八家抗属三十八口人，两户佃中农（其中两户赤贫），原有自耕地二十六亩，佃入地二百二十八亩，后解决土地二十五亩，共有土地二百七十九亩，每人平均有耕地七亩五分，每年每亩如能收入五斗粮食，则每人可得三十斗粮，能维持中农生活。"④可见，在淮北抗日根据地，抗属的生产资料问题基本上是可以得到保证的。前文所讲到的袁乾，由于缺乏肥料及牲口，经当地的优抗会讨论，决定："本季解决一百六十担粪，由本行政村负责，有磨的出二担，有猪的出一担，肥料要好，不好退还，明年由优抗委员会代他买

---

①豫皖苏鲁边区党史办公室编：《淮北抗日根据地史料选辑》第5辑，内部资料1985年，第217页。

②中共河南省委党史资料征集编纂委员会编：《豫皖苏抗日根据地》（一），河南人民出版社1985年版，第189页。

③《拂晓报》1944年4月11日，第4版。

④豫皖苏鲁边区党史办公室编：《淮北抗日根据地史料选辑》第2辑第2册，内部资料1985年，第160—161页。

一口猪，弄一个猪圈，就能每季出二百担粪。”①

4. 组织代耕

有的抗属因为子女参军，家里缺乏劳动力，根据地便组织代耕，帮助他们解决这一困难。1941 年 10 月 5 日，彭雪枫、邓子恢《关于动员部队帮助民众秋收冬耕的指示》要求：“各部队在不妨碍作战条件下，必须立即动员部队，帮助抗日军人家属及贫苦民众秋收冬耕，如帮助民众割豆子、种麦、种菜、割草等，从团级干部以下每人至少要帮助二日为度，能多更好。”② 1941 年 12 月 25 日《淮北苏皖边区优待抗属暂行条例》指出：“家中缺乏劳动力，无力耕种田地与收获者，由各级优待抗属委员会（以下称‘优抗会’）组织义务人力畜力代耕代收，每年至少帮四十天，不取工资不吃饭。”③这就确保了抗属家庭可以解决劳动力不足的问题，完成农业生产。1942 年 5 月 17 日《淮北军政党委员会关于夏收运动之决定》要求：“动员群众代耕队切实帮助抗属割麦，每户抗属至少帮助十天至十五天。”④为了确保代耕工作的完成，淮北根据地专门组织了代耕队：如 1943 年 3 月 25 日通过的《淮北苏皖边区优待抗属代耕办法》提出：“凡边区直接经营农业生产的住户，除生活特别困难或其他特殊原因外，其家中十八岁至四十五岁之男子，均为代耕队员；全乡所有之耕牛牲畜一律编入代耕队，由乡优抗委员会组织代耕。代耕范围以代表组成自然村为单位，如需劳力太多，可在全乡调剂。”⑤如淮宝县长盛乡的袁朝勤“哥哥参加公安局当兵，家里有三口人，二人可下地的。有八亩地，今年收二石四斗粮食，七担山芋，因地少不够吃，他爸爸常出去做茅匠，只有一人能种地，因家里没有牲

①孟东波：《优待十七家抗属》，《政府工作通讯》第 21 期，第 16—17 页。

②北京新四军暨华中抗日根据地研究会淮北分会、江苏省泗洪县新四军历史研究会编：《邓子恢淮北文稿》，人民出版社 2009 年版，第 35 页。

③豫皖苏鲁边区党史办公室编：《淮北抗日根据地史料选辑》第 2 辑第 1 册，内部资料 1985 年，第 87 页。

④马洪武：《新四军和华中抗日根据地史料选》第 4 辑，上海人民出版社 1987 年版，第 300 页。

⑤房列曙：《安徽敌后抗日根据地社会史研究》，安徽人民出版社 2007 年版，第 249 页。

口,要求代耕”[①]。优抗委员会提出的优待办法是“决定××等一条牛帮助他代耕和打场,代耕人不出差”[②]。在公安局当兵的袁守银,政府不仅给他调剂了一些土地,而且帮他代耕。“袁守银——把袁家三亩好的祠堂地给他耕,并固定××家的一条牛帮助他代耕,这条牛的牛力大,他们估计每年能耕到一顷地,而代耕户本身地也很少,一条牛能照顾两家还有余力,代耕人也免除出差。”[③]淮北抗日根据地通过组织代耕,解决了抗日军人家属的生产问题,保证抗属家庭的生活能得到有效改善。

5. 减免各种税费

淮北抗日民主政府对抗日军人家属采取减免税费的措施来保障其生活,减轻退伍、伤残军人及抗属负担,改善其生活,包括减免公粮税收、子女教育的费用、借贷利息,免除服役、医疗费用等。《淮北苏皖边区民国三十四年午季救国公粮公草征收办法》规定:“凡抗日军人及烈士直系家属,其优待办法于下:一、抗日烈士之直系家属,一律免征。二、主力部队及各县独立团指战员之直系家属,其应纳公粮为一、二、三、四级者,免征;为第五、六、七、八级者,各降二级征收。八级以上者,各降一级征收。”[④]1941年12月25日《淮北苏皖边区优待抗属暂行条例》规定减免抗属各种负担:“一、免除田赋之缴纳。二、依据政府规定,得减免救国公粮及一切临时负担。三、减免劳役。……七、所欠私债无力偿还者,在抗战期间本息一律缓期偿还。八、缺乏种子由优抗委员会代募代借。九、子弟求学一律免费。”[⑤]刘玉柱在《淮北苏皖边区秋季公粮动员的任务及其政策》报告中谈到了淮北根据地优待抗日军人的办法:“为抗战工作而牺牲的家属,免征公粮三年。像青阳镇

①孟东波:《优待十七家抗属》,《政府工作通讯》第21期,第16页。

②孟东波:《优待十七家抗属》,《政府工作通讯》第21期,第18页。

③孟东波:《优待十七家抗属》,《政府工作通讯》第21期,第17—18页。

④华中抗日根据地和解放区工商税收史编写组编:《华中抗日根据地和解放区工商税收史料选编》(上),安徽人民出版社1986年版,第298页。

⑤中共河南省委党史资料征集编纂委员会编:《豫皖苏抗日根据地》(一),河南人民出版社1985年版,第155页。

的江杉同志牺牲了，他家虽然过得很好，也是免征三年。”①通过税费的减免，根据地抗属不仅生活有了提高，而且在教育、医疗等方面都获得了一定程度的保障，更加拥护抗日民主政府。

三、淮北抗日根据地优抚工作的经验

1.物质与精神双重保障

淮北抗日根据地不仅从物质上保障抗属的基本生活，还给他们以精神上的慰藉。《淮北苏皖边区行政公署指示信》规定：“加强优抗工作，厉行优抗条例，帮助抗属解决劳动力缺乏及其他困难，务使一切抗日军人家属得到生活上的保障与精神上的安慰。”②强调了从物质和精神两个方面搞好优抚工作。淮北抗日根据地还提出：“除以上物质及劳动力之优待外，应提高抗属之社会地位，并给予精神上之安慰，每逢端午、中秋、年节，由各级政府发动人民进行慰问或慰劳。”③1944年，新四军颁布的《优抗实施条例》就规定：“凡本军抗属子弟参加主力者，每年发给优抗食粮一石（或二百斤），参加县总队独立大队及警卫连者，每年发给八斗（一百六十斤），参加区乡队者，每年发给五斗（一百斤）。”④这对于贫苦的农民家庭来说是很有吸引力的。

比如，泗阳县龙集区给予抗属物质和精神方面的优待，如下表所示⑤：

①安徽省财政厅、安徽省档案馆编：《安徽革命根据地财经史料选》（二），安徽人民出版社1983年版，第13页。

②马洪武：《新四军和华中抗日根据地史料选》第4辑，上海人民出版社1987年版，第226页。

③豫皖苏鲁边区党史办公室编：《淮北抗日根据地史料选辑》第2辑第1册，内部资料1985年，第313页。

④《本师优抗实施条例》，《政府工作通讯》第17期，第17页。

⑤安徽省财政厅、安徽省档案馆编：《安徽革命根据地财经史料选》（二），安徽人民出版社1983年版，第90页。

抗属数目		募集物品			优待情形		
总计	385户	粮数	麦面	200斤	受精神优待者	总计	76人
参加主力者	109人		馍	2341斤		主力者	
参加地方武装者	200人	菜蔬肉类	鱼	135斤		地方者	
公务人员家属	76户		猪肉	121斤		公务员者	76人
需精神优待	78户		粉条	17斤	受物质优待者	总计人数	1633人
需物质优待	307户		豆腐	230斤		总值钱数	48128元
			豆芽	108斤		主力者	23568元
						地方者	24560元
						公务员者	

淮北行署曾确立优抗基金作为抗烈属生产贷款及个别临时救济之需，其办法是"一、吸收走私粮食，提出百分之三十充作优抗基金。二、由行署于救灾粮食中，提出二千石作为各县优抗基金。此项粮食的开支，依照行署所颁办法、作出优抗基金收支情形，由各县政府呈报行署"①。新四军和根据地政府还经常举行演出慰劳抗属。淮北区党委、行政公署，参议员和各级群众团体，在中秋节发动了广泛的拥军优抗运动。他们"慰劳与慰问当地驻军和伤病员、抗属、荣誉军人，送礼写信，开军民联欢会等"。"全区重新调查登记抗属烈属之家庭情形，认真解决困难，解决抗烈属之耕地、种子、耕牛问题，切实实行代耕制度，发给救济粮食，颁发优抗证，筹划优抗基金。"②通过物质和精神的双重保障，不仅使得退伍军人和抗属在生活上有了依靠，而且提高了他们的社会地位，精神上也得到了安慰。

2. 把优抚保障与鼓励抗属自力更生相结合

由于根据地人力、物力、财力的限制，在提供优抚等保障政策时不

---

①《淮北行署拨款慰劳抗属——组织抗属参加生产保证丰衣足食》，《解放日报》1944年1月30日，第2版。

②《解放日报》1943年9月17日，第1版。

可能尽善尽美，而只能是适度保障，因此，要根本改善抗属的生活，就需要把社会保障和自力更生结合起来，鼓励抗属参加生产，增加财富，改善生活，减轻根据地的负担。抗战时期，由于根据地经济发展水平还比较低，再加上敌、伪、顽的包围封锁，所以军民的生活总体上还是比较艰苦的，在这种条件下，根据地的优抚政策只能是适度保障，维持基本生活。要根本改善生活，主要靠抗属自力更生，勤劳致富。个别抗属存在着严重依赖优待的心理，因此，根据地“在扩军后除继续解决抗属临时困难外，即着重于进行抗属教育，组织抗属生产，反对‘老太爷’思想，曾召集了一次优抗委员会抗属大会，更进一步地了解家庭生产情形，进行生产教育，对于一个好吃懒做的抗属，在抗属大会上进行了斗争。（她把救济她买粮食的钱买红枣、买肉吃，激起了本村抗属的不满。）对个别不肯‘苦’的也说服他们努力‘苦’（‘苦’即劳动生产的意思），号召纺织、拾粪。并配合了一般群众订兴家计划的热潮，特别抓紧对抗属订生产计划”①。提倡自力更生，帮助抗属建立生产计划，可以使抗属的生活得以根本改善。

“泗阳唐莫乡有三十三户抗属，都帮助他们订了兴家计划，在拥军日中解决土地四百三十亩，现共有地七百八十四亩三分，每人平均四亩八分多地，调查研究今年粮食收获，十三户可收一石五至两石，十二户可收两石至三石，六户可收三石至四石，二户可收四石至五石，加上各种物资优待，生活是无问题的。”②由于抗战时期根据地受到敌、伪、顽的包围封锁，环境并不稳定，经济条件也很困难，根据地军民响应毛主席的号召，开展大生产运动，克服各种困难，迎接抗战的胜利，在优抚工作上提倡把保障与自力更生结合起来也是符合根据地客观条件的。

---

①王永昭：《陈圩乡的优抗工作》，《拂晓》第 1 卷第 10 期，第 61 页。

②房列曙：《安徽敌后抗日根据地社会史研究》，安徽人民出版社 2007 年版，第 250—251 页。

3. 在优待抗属中贯彻党的统战政策

淮北抗日根据地不仅优待新四军的抗属，对国民党友军及其家属也是一视同仁。如何优待友军抗属呢？中央作出了指示："为了孤立瓦解顽固势力，争取中间势力，团结与巩固扩大抗战，争取革命最后胜利，凡我抗日根据地内各级党政军民机关，对于一切政党干部、友军友区军政长官等，不问其是否顽固，应该：（一）对其眷属财产一视同仁，妥为保护；（二）其家属之穷困无以为生者，应酌量给以援助，如系抗属应依法优待；（三）对于有声望的军政长官之家属或家属中之有声望者，应酌量吸收他们参加民意或行政机关。"[①]根据中央的指示精神，1943年《淮北苏皖边区优待抗日军人家属条例》规定："本条例所称之抗属，系下列人员之父母妻子及同居兄弟姐妹。一、抗日主力部队（中央军、八路军、新四军及其他抗日主力部队）。二、本边区军区所辖部队。三、县、区、乡队及一切脱离生产之抗日武装。四、抗日军人烈士家属。五、因抗战残废退伍之军人家属。"[②]

孙玉波，原任江苏省保安处淮泗游击支队第一支队长。1941年11月25日，因拒绝乱命，同新四军并肩抗战，开罪于韩德勤，被所部大队长孙大和扣押并杀害。彭雪枫、邓子恢等四师领导给孙玉波家属写了慰问信并送了五百块大洋表示慰问，高度评价了孙玉波为团结抗战所做的贡献："孙支队长精诚为国，不幸竟遭宵小暗害，噩耗传来，同深哀悼，犹念孙支队长生前豪直好义，爱国情深，迨至祸变骤发，亦能临难从容，不求苟免，冰霜高节，弥增景慕……奉上大洋五百元，且作奠仪，尚祈善抚遗孤，勉抑哀思。"[③]淮北抗日根据地对于友军家属，不论

①中国人民解放军历史资料丛书编审委员会编：《新四军文献》（2），解放军出版社1991年版，第320页。

②豫皖苏鲁边区党史办公室编：《淮北抗日根据地史料选辑》第2辑第1册，内部资料1985年，第311页。

③北京新四军暨华中抗日根据地研究会淮北分会、江苏省泗洪县新四军历史研究会编：《邓子恢淮北文稿》，人民出版社2009年版，第59页。

韩德勤李品仙等部，均一律予以优待。根据地在执行优抚政策的时候对友军一视同仁，反映了共产党以民族利益为重的大局意识和宽广的胸襟。开展对抗属的优抚政策，不仅可以巩固军民关系，动员民众积极支援抗战，也能成为开展统一战线的有效手段。对友军家属实行优抚政策，使他们的利益受到根据地的保障，就增进了与友军的了解，减少了摩擦，推动了统战工作的开展。

四、乡村传统对抗属优待政策的制约

淮北抗日根据地的抗属优待政策虽然取得了一定的效果，起到了动员民众积极参军的作用，改善了抗属生活，稳定了军心，但也受到了乡村传统的制约。

1. 传统伦理观念的制约

以农业经济为基础的根据地，传统伦理观念根深蒂固，如“不孝有三，无后为大”的香火观念在农民中还比较普遍。战争必然有伤亡，这使得大多数父母不希望儿子离家参军。以农耕为主要生存方式的现实决定了男子在家庭经济生活中具有举足轻重的作用。妻子也不愿意丈夫离开家庭，否则，生产生活会受到影响。中国民间素有“好铁不打钉、好男不当兵”的说法，很多农民认为参军是没面子的事情，这也影响了中共军事动员的策略。

淮北军区司令员张爱萍在《动员广大人民到抗日战争的前线去》一文中提出，动员民众上前线、参军不是一件容易的事情。“①在我国一向就没有国民服兵役的教育准备；②对全国的人口也没有调查登记和确切的统计；③‘好男不当兵’的传统思想给人民的影响太深；④人民的思想意识由于中国政治、经济、文化之落后而落后，尤其是农民的落后意识更加浓厚。由于这些特点，使一些农民虽然知道鬼子的凶恶残暴，憎恶鬼子的奸淫烧杀，可是，当着要他抛开家乡田产（即令是极小的一块土地），别离他的父母妻儿，手拿武器上前线杀敌人的时候，困难的问题也就来了。犹豫，留恋，顾虑，以及'还没打到我家里来呢！''中国人多着呢，难道我一个人不去，中国就会亡了不成?'等苟且偷安的心理支配着他，使他不能下最后的决心当兵去。"①可见，由于传统伦理观念的影响，即使根据地实行了优待抗属的政策，抗属家庭的生活得到一定程度改善，农民对参军还是有一定的顾虑。

2. 基层干部传统政治思维

一些基层干部在落实、执行优抗政策时受传统政治思维影响，存在官僚主义、形式主义的作风，在一定程度上影响了优抚工作的效果："基层干部对彻底解决抗属生活的意义，还未清楚掌握，对抗属实际生活不关心。这一工作是细密具体的调查动员组织工作，或因为进行中的困难，容易被干部放松，各地对抗属的帮助还不能满足抗属的最低要求。"②

如淮宝县的27个乡的行政委员会代表主任对拥军优抗工作中思想认识上的错误与不良现象进行了检讨："甲、对后勤工作应付差事，敷衍走了就算了事。有一乡见部队找佚子，不耐烦地说：'找一个佚子给他们小老爷走吧。'乙、怕军队来讨厌多麻烦，某个乡个别干部见部队来了，躲在家里不出来。丙、他干他的，我干我的，都是革命工作，军队不大，行政不小。丁、处理抗属问题不迅速，往下推，见了抗属面光说'好，好'，就是不解决实际问题。"③在陈圩乡，优抚部门为了完成扩军任务，给抗属许诺了很高的条件，而不是在平时扎实地开展优抗工作，这增加了抗属的依赖性："扩军时为了完成任务，对抗属要求答应得高，或是变相收买的（答应每个月给多少粮食），更增加了抗属的依

①张爱萍：《张爱萍军事文选》，长征出版社1994年版，第17页。

②豫皖苏鲁边区党史办公室编：《淮北抗日根据地史料选辑》第2辑第2册，内部资料1985年，第34页。

③豫皖苏鲁边区党史办公室编：《淮北抗日根据地史料选辑》第2辑第2册，内部资料1985年，第158页。

赖观念,借此要求发粮,这给予组织生产很大困难。”①

还有,优抗机构对抗属资格把握不准。“对抗属资格审查不严格,有些非抗属(如非直系亲属,或分居的兄弟姊妹无确实证明等),仍然予以优待,对主力军与地方军一般看待,没有提高主力抗属的优待标准,甚至于仍有地方高于主力的偏向。”②由于地方干部及民众团体干部的乡土观念浓厚,在优待政策的执行上更易向地方部队家属倾斜:“有些人说,优抗是主力,不如独立团,独立团不如区乡队,区乡队不如政府人员家属。”③基层干部的传统政治思维使得根据地推行优待抗属的效果或多或少打了折扣。

3. 小农意识的制约

根据地的农民具有深厚的小农意识,小农意识的自私和狭隘在一定程度上制约了体现中共政治理念的优抚政策。如有的农民在给抗属调剂土地时采取敷衍、应付的办法。“今年发现去年富农所抽之地有些是‘死黑土’或者不够数,如陈立宜给陈启盛地七亩实际只有五亩半;陈启盛租给陈立贤等打场地欠租粮三斗五升也要不来,陈立贤还说:‘往后拖,拖长了就“海”了!’还有陈家禄包耕梁星堂老奶奶地有七分棉花,陈家禄‘讨抗属巧’,给梁家‘随场贷’小麦一斗换棉花地七分。”④

还有的农民在为抗属代耕时态度消极。“过去包耕有三个主要偏向:一、包耕人在地上想种什么就种什么,不根据抗属意思来播种,如陈立朝、陈家禄包耕梁星堂老奶奶地,豆没耕起来,包耕户意思是种大秫秫,梁家意思是种小麦。二、不好好耕,过去谁给抗属的地谁耕,结

①王永昭:《陈圩乡的优抗工作》,《拂晓》第1卷第10期,第65页。

②豫皖苏鲁边区党史办公室编:《淮北抗日根据地史料选辑》第2辑第2册,内部资料1985年,第34页。

③邓子恢:《关于今年扩大地方军几个基本问题》,《拂晓》第1卷第14期,第9页。

④豫皖苏鲁边区党史办公室编:《淮北抗日根据地史料选辑》第5辑,内部资料1985年,第216页。

果包耕户认为‘种地多,不在乎那三亩五亩’,如王玉龙老奶奶地应该耕三交,包耕只耕一交。三、不常和抗属发生关系,抗属不督促,包耕户就不耕,还说:‘他没来对我说,没耕,那怪谁呢?’”[①]孟东波在《优待十七家抗属》一文中讲到“有一家抗属告诉我们代耕的情形说:‘我去请他们来耕,去喊这一个,他说我哪有空,结果叫不来,停几天好不容易把他请来了,吃早饭时他们还没有去,不到吃中饭时就回。’……另一家也告诉我们说:‘请代耕的人来,他们说人是官的,肚子是官的,不肯来,我就没办法,烧好了一锅面请他们来吃,哪知他们一个都不来。’”[②]农民在执行优抗政策时的这种消极态度使抗属的生产受到严重影响,或者收成减少,打击了抗属的积极性。

4. 部分抗属滥用权利,存在寄生思想

也有部分抗属“倚老卖老”,滥用抗属的权利,存在寄生思想。“少数抗属的‘老太爷’观念和依赖思想没有最后克服,因此有个别乡的优抗主任都有被抗属骂走了的。”[③]

淮北区党委的江风在《二联乡调查》中指出:“本乡有抗属八十余户,内中多是贫困农民,他们匀进了土地,又找其他农户人牛代耕。按照计算,代耕代收八亩地,就要支出五十个人、牛工。需要代耕的土地,平均每户至少在十亩以上。群众负担此项义务是很重的。不仅如此,代耕中还有许多使农民灰心丧气的琐碎事件。诸如王玉贵,佃中农,参加了区队,原有二牛一驴,现在都卖掉了,只喂了一个小牛,找群众牛给代耕,耕了自己地,还耕朋友地,牛都累得病了,牵回去吃了几剂药方子才好,对人家态度还要不好。当然这是一个很坏的例子。但

---

①豫皖苏鲁边区党史办公室编:《淮北抗日根据地史料选辑》第5辑,内部资料1985年,第217页。

②孟东波:《优待十七家抗属》,《政府工作通讯》第21期,第16—17页。

③豫皖苏鲁边区党史办公室编:《淮北抗日根据地史料选辑》第2辑第2册,内部资料1985年,第163页。

人、牛代耕,‘草不给吃,水不给喝’的现象,却是很普遍的。”[①]在陈圩乡,“绝大多数的抗属是愿意自食其力的,有男人劳动力的生活度日都比较容易,唯有那寡娘们,她们的依赖观念特别厉害,极少数的好吃懒做,以抗属牌子向工作人员死赖,另外一部分对自己的生产不说实话,故意夸穷,企图政府发粮,这些落后观念必须克服”[②]。

由此可见,代耕是一项很重的任务,而且部分抗属也存在落后的思想,滥用权利,加重了根据地群众和政府的负担,这在一定程度上也影响了优抗政策的顺利实施。

五、小结

由于农村生产的总体落后,以及劳动力的参军,抗属的生活面临种种困境。当然,抗属生活的困难不完全是当兵动员所导致的,对地少人多的家庭来说,当兵也是当地农民的一条生活出路。优抗政策能够解决抗属的生活困难,更为重要的是,它可以大大提高抗属的社会地位,明显地改善抗属的生活,因此,优抗措施对贫困的农民来说很有吸引力,它是共产党动员民众抗战的有效途径。为了动员农民积极参军参战,淮北根据地对抗属推行了以政府为主导的社会保障——优抚制度,优待政策的实行,解决了抗属各方面生产生活的困难。

但是,优抚工作的开展始终受到乡村传统的制约,再加上根据地政府本身的财力有限,在一定程度上影响了优抚的实施效果,革命政策与传统之间始终存在着互动与纠葛。

---

①豫皖苏鲁边区党史资料征集编研办公室编:《淮北农村调查》,内部资料1984年,第112页。

②王永昭:《陈圩乡的优抗工作》,《拂晓》第1卷第10期,第65页。

第五章　华中根据地对传统婚姻习俗的改造

华中根据地是指由新四军、八路军协同创建的苏北、苏中、苏南、淮北、淮南、皖江、浙东和鄂豫边区等抗日根据地的统称，在解放战争时期被称为苏皖解放区。在根据地创建之前，该地主要盛行的还是传统婚姻。华中抗日民主政权建立后，颁布了一系列男女平等的新政策及婚姻法令，推动了当地的婚姻习俗变迁。关于根据地婚姻习俗的变迁，近年主要的研究成果有：杜清娥、岳谦厚的《太行抗日根据地女性婚姻家庭待遇及其冲突》（《安徽史学》2016 年第 3 期），江沛、王微的《传统、革命与性别：华北根据地“妻休夫”现象评析（1941—1949）》［《四川大学学报（哲社版）》2014 年第 3 期］以及笔者的《冲突与调适——华中根据地婚姻习俗变革中的国家与乡村社会》［《华中农业大学学报（社科版）》2017 年第 5 期］等。已有的成果大多关注传统婚俗的弊端及推行革命婚姻政策的必要性，但是对于传统婚俗的积极因素及婚姻陋俗的社会、经济、思想根源则关注不多，对根据地妇女解放与西方女权运动的斗争目标、方法有何差异论述不详。西方的一些女权主义者如卢蕙馨等也将儒学描述为一种男权至上主义和父权制意识形态，并将其视为中国女性压迫问题的根源所在①。然而，以儒家为代表的传统伦理和“性别歧视”之间是否存在必然的因果联系？革命的婚姻政策如何革除传统婚俗中的消极因素，保留并改造其积极因素，并做到与民众的经济生活相适应？这些问题值得进一步探究。本

①卢蕙馨：*Women and Suicide in China*（《中国女性与自杀》），In *Women in Chinese Society*（《中国社会之女性》），卢蕙馨、Roxane Witke 主编，Stanford University Press，1975 年。

文运用华中根据地的档案、报纸所反映的民众婚姻生活的史料，对根据地建立前后婚姻习俗变化的过程作一考察。

一、根据地创建之前的婚姻习俗

在传统乡村社会，婚姻习俗沿袭着流传已久的惯例。陈顾远先生就认为，婚姻是传统伦理的本原，是儒家伦常的重要内容。“《中庸》‘君子之道，造端乎夫妇，及其至也，察乎天地’云云，更显示夫妇为伦常之本原，婚姻乃万事之基点也。”[①]近代以来，从西方传入的新式婚姻除了对少数沿海城市有影响外，在乡村社会的影响微乎其微，农民大多遵照旧的婚姻习俗举办婚礼，并恪守传统的家庭、伦理关系。

1. 主婚权

传统社会，婚姻的主要目的在于保证家族血脉的延续，根据《礼记》的解释：“昏礼者，将合二姓之好。”“上以事宗庙，而下以继后世也。”男女的主婚权在于父母或长辈，如江苏武进等地“父母为子择室，通媒妁，行六礼”[②]。在父权制社会里，婚姻往往较少考虑夫妻双方本人的感情，更多体现的是家族的利益，婚姻类似于契约。俗语中所谓的“父母之命，媒妁之言”，前者表现为婚姻行为是以家庭为单位通过婚姻关系建立的社会联系，后者则具有明显的传统契约的特征。“媒”的意思为中介，据《说文解字》解释：“媒，谋也。……谋合二姓者也。”“妁，酌也。斟酌二姓者也。”婚姻的彩礼往往意味双方家庭财产的转移，具有契约的性质，而媒人则起着中人的作用。在江苏灌云县，“妇女们除和男人一样遭战争、饥饿、病痛、寒冷之苦，脖子上还多套着一副封建枷锁。嫁鸡随鸡，嫁狗随狗，嫁给扁担，拖着就走。抢寡妇、童养媳更比比皆是。婚姻不能自主，人权没有保障，有多少刚毅的妇女

---

①陈顾远：《中国婚姻史》，商务印书馆 2014 年版，第 12 页。

②丁世良、赵放主编：《中国地方志民俗资料汇编》第 8 册，国家图书馆出版社 2014 年版，第 464 页。

为抗婚和不堪忍受虐待而上吊、投河身亡”①。在传统农业社会,家庭的财富主要为男性家长掌握,结婚需要支付大笔的费用,单靠年轻男子往往难以承担,因此,父母在子女择偶中起主要作用是必然的。然而,在父母主婚的情况下,子女的择偶意愿往往被忽略,这就给夫妻双方日后的婚姻生活带来一定的隐患。在传统社会,不仅女性无法做到婚姻自主,男性往往同样无法掌控自己的婚姻大事,在结婚对象的选择过程中也要遵从父母或长辈的意志,并不能完全按照自己的意愿来择偶。“男女之别”还是服从“长幼之序”的。正如罗莎莉所言:“中国性别压迫的根源必须从家族传统中找寻。在家族传统中,家族姓氏延续、孝道和祖先崇拜等三种文化因素共同融汇成儒家所倡导的家庭美德。它们成为酝酿、支撑和论证社会虐待女性行为之合理性的强大基础。”②

2. 婚姻程序

传统社会,婚礼大致要经过“纳采、问名、纳吉、纳征、请期、亲迎”六礼。如《含山县志》记载:“婚礼——男家遣媒妁通言,尝至再三。女家允之,书女生年、月、日、时于贴,以付媒妁,然后纳礼,名曰‘定礼’。及娶妻纳礼,名曰‘娶礼’。其礼称家之有无。亲迎之日,以兄弟送女归,或以叔伯代之。”③关于传统婚姻结婚之前为什么要算生辰八字,费孝通先生在《江村经济》一书里讲道:“用理智选择儿媳妇是一件很难的事情。没有一个女孩子是完美无缺的,但每户人家都想找最好的。因此很容易出错。如果找不到其他出错的原因,那就要归罪于挑选的人了。因此,算命先生不仅是充作作出决定的一种工具,同时,也被用作把错误的责任推卸给上天意志的一个办法。如果婚姻不

①江苏省妇女联合会编:《妇女运动史资料》,1983 年内部编印,第 27 页。

②[美]罗莎莉著,丁佳伟、曹秀娟译:《儒学与女性》,江苏人民出版社 2015 年版,第 138 页。

③丁世良、赵放主编:《中国地方志民俗资料汇编》第 9 册,国家图书馆出版社 2014 年版,第 386 页。

美满，那是命运。这个态度实际上有助于维持夫妻关系。”[①]在传统社会男女的婚配过程中，双方直接了解对方的渠道并不多，婚姻美满与否只好听天由命。

在安徽无为，婚礼包括“纳彩、纳币等礼，并依朱子《家礼》行之，令男女婚姻各有其时；或有指腹割衫襟为亲者，并行禁止。今凡纳彩、问名，大抵从宜从俗，称家有无焉”[②]。据《泰州志》记载，当地的婚礼大致经历以下程序：“始议婚，或姻戚作伐，或用媒妁。初聘定，次请期，次纳采，女家亦有回赠。于归妆奁丰俭，各称其家。俱设宴延宾迎送。合卺夕，花烛交辉，聚观如堵。三日拜见翁姑及家众，以分大小。女家备仪物，名曰‘做朝’。婿随往拜女之父母。遍及亲族，名曰‘回门’，仍留宴。满月，婿偕女归宁。”[③]在安徽萧县“古有纳采、问名、奠雁等礼，绅士家多仿行之。至于聘仪丰啬，妆奁厚薄，亦多量力。乡城嫁娶必亲迎。嫁女之后，父母暨亲属三日内各俱饭以饷之。三日早迎女，午陈妆奁之属，花币鼓乐送婿归”[④]。传统的婚姻礼仪较为烦琐，但在民间普通家庭，并不一定完全按照六礼，而是结合当地的习俗及家庭经济情况有所删减和变通。

3. 婚姻花费

传统婚姻需要支付一定的彩礼，彩礼的多少视家庭经济情况好坏而定。支付彩礼意味着男方家庭财产向女方家庭转移。民间的彩礼存在着攀比的情况，导致婚姻花费过高，人们不堪重负。因此，历代封建王朝也经常倡导改革婚姻陋俗。如在含山县，雍正年间（1723—1735），朝廷曾下谕旨，要求婚礼从俭。彩礼不完全是男子给女子父母

---

①费孝通：《江村经济——中国农民的生活》，江苏人民出版社1986年版，第31页。

②丁世良、赵放主编：《中国地方志民俗资料汇编》第9册，国家图书馆出版社2014年版，第393页。

③丁世良、赵放主编：《中国地方志民俗资料汇编》第8册，国家图书馆出版社2014年版，第506页。

④丁世良、赵放主编：《中国地方志民俗资料汇编》第9册，国家图书馆出版社2014年版，第437页。

的钱财和礼物,也是夫妻双方父母为子女成立新家庭准备的物质基础,是财产承继的重要形式,传统社会在彩礼的准备上量力而行,还是值得肯定的。

彩礼是中国传统婚姻的组成部分,但是,关于彩礼的多寡则无明确标准,它是跟随经济发展程度而变化的。如南通县,据《康熙通州志》记载:"凡结婚姻,两情相好,儿女相配,此诚百年缘分。聘娶礼不必较其厚薄,量力行之。尝见平日相好,后因计较财礼反伤情义。女家需索者固为可恶,男家力可为而□□吝鄙,俗尤为薄□(劣)。若盛时结亲,或后一贫一富,男家力歉,女家颇过,即量力自备衣物以完儿女之债。倘两家力乏不能成亲,其至厚亲友当相助之。无使有怨女旷夫,此亦厚道也。"[①]彩礼在婚姻中固然重要,但不能作为唯一的标准,过度地索取或逃避都不利于婚姻家庭的正常运行。婚姻类似于契约,一旦订婚,双方都有遵守契约的义务,否则就会受到社会舆论的谴责。

4.择偶标准

在传统社会,门第是最重要的择偶标准,讲究门当户对,也就是男女双方家庭的社会地位、经济状况要大体相当。华中根据地所在的长江中下游地区,在婚姻论财问题上则不甚严重,大体是根据家庭具体经济情况而定,财富并非最重要的择偶标准,但对门第却较为看重。如江苏睢宁县"邑人多以襁褓时联姻,论门第,不计聘。及婚,婿行亲迎礼。入门,拜天地,夫妇交拜,饮合卺杯。三日,谒祖先,拜见翁姑,名曰'分大小'。余亦略如古制。而六礼之行,则视贫富为奢俭矣"[②]。根据《泗阳县志》记载:"婚用媒妁,重门户,聘仪不责多寡,甚有爱好

①丁世良、赵放主编:《中国地方志民俗资料汇编》第8册,国家图书馆出版社2014年版,第518页。

②丁世良、赵放主编:《中国地方志民俗资料汇编》第8册,国家图书馆出版社2014年版,第552页。

指腹,不征聘币,无需庚帖者。”[1]人们在结婚的时候,往往选择经济条件、家庭地位大致相当的对象。如逃荒到涟水县高沟镇的张凤兰在媒人的介绍下与一个雇农结婚。“我原是山东阴平人,八岁跟父亲逃荒出来,一路要饭到清江,住在大桥孔里四五个月。有一天,晚上发大水,一家四口子站在水里过夜,第二天搬到窑洞里。连铺草都没有,睡在光地上有几个月,后又被人家驱逐出去,至高沟南徐永华家破屋里,还是要饭过日子。有年余,爷爷就被雇到人家做伙计,我被卖给地主家做小丫头,几年当中就如一只牛,从朝到黑总不息,时常是遭鞭子打。十五岁那年,我想再不愿意干下去了,就偷偷地到爷爷那里,后来有个邻居来说媒,把我嫁给姜南善,穷人还对穷人,姜南善只种一点街上和尚的地,闲时推推小车子,我自己靠挑菜拾草过生活。”[2]在传统社会,由于阶层之间界限分明,阶层之间流动的渠道相对较窄,因此门当户对成为最重要的择偶标准,目的是确保家族社会地位的巩固。

5. 家庭关系,妇女地位

在传统的封建家庭关系中,长幼有序、男尊女卑、嫡庶有别。年轻女性的地位低下,甚至在日常的衣食待遇上,不同的家庭成员界限分明。如东台县的一个雇工反映东家儿媳妇的饭食仅比长工略为好一些:“在老板家中过的生活单是吃饭就有好多样,沙稻米饭老爹老太吃,籼白米饭老板和奶奶吃,小春老红米饭相公姑娘吃,玉米粯子饭媳妇吃,大麦糁儿饭才轮到长工吃。”[3]

受封建家庭伦理的束缚,贫苦家庭的年轻媳妇,往往受到虐待与压迫。在淮北地区,一些妇女“受丈夫、婆婆打骂比较厉害,迫切要求解除压迫”[4]。盐阜区华安镇杨大龙媳妇,受到了婆家人的种种虐待,

①丁世良、赵放主编:《中国地方志民俗资料汇编》第8册,国家图书馆出版社2014年版,第531页。

②张凤兰口述:《我被选为新农会委员》,《新华日报》1947年3月12日,第2版。

③殷如春、王一鉴:《三十年的雇工不曾翻身》,《东台大众》1947年5月12日,第2版。

④江苏省妇女联合会编:《妇女运动史资料》,1983年内部编印,第17页。

生活十分痛苦。《盐阜大众》曾刊登过一首民歌，反映了媳妇的生活遭遇："华安镇，有杨家，杨大龙的媳妇实可夸，终日卷着烟，赚钱来按（安）家。丈夫不讲理，时常会拷打。公公口水嘴，混名又叫二果瓜。婆婆坏死人，没事当街骂。可怜杨嫂子，苦到底头啦。自己没办法，回去告诉她妈妈。妈妈上门来，杨家不睬她。丈妈来把女婿劝，女婿拿刀砍丈妈，一家不讲理，真是坏人家。"①在淮北地区，传统社会的妇女经济不独立，"妇女没有经济权，平时买针线的钱都被控制"②。由于年轻妇女的家庭地位较低，家庭成员之间缺乏民主、平等的关系。

6. 婚姻陋俗

在根据地创建之前，传统婚姻陋俗较为普遍，如买卖婚姻、指腹为婚、早婚、纳妾等。男尊女卑，男女性别不平等现象十分普遍。存在片面的贞操观念，干涉寡妇再嫁。家庭暴力和虐待对女性身心造成严重束缚。

江彤在《回忆淮北苏皖边区妇女工作》一文中谈到了传统社会该地区的婚姻陋俗："买卖妇女非常盛行，特别是孀妇完全无处理自己婚嫁的自由，丈夫死后，娘婆两家商量妥当，偷偷地就出卖了，由另一家突然于夜晚抢走，谓之'驾后婚'。在偏僻地区，也常有抢劫行路妇女强迫成婚的。"③江苏淮安地区也存在指腹为婚的陋俗："指腹为婚，换杯为聘，不待年而童养者，星巷陋俗，猥不足述。"④指腹为婚是指父母为未出生的胎儿订立婚约，只有双方互生男女的指婚才能成立。由于双方男女尚未出生，其相貌、性情、才干乃至命运都不可把控，子女长大以后，往往弃信负约，导致婚姻纠纷。

传统社会早婚现象也极为普遍，其根源在于农民的贫困及农业社

---

①刘道记:《坏人家》,《盐阜大众》1946 年 3 月 12 日,第 4 版。

②江苏省妇女联合会编:《妇女运动史资料》,1983 年内部编印,第 17 页。

③江苏省妇女联合会编:《妇女运动史资料》,1983 年内部编印,第 16 页。

④丁世良、赵放主编:《中国地方志民俗资料汇编》第 8 册,国家图书馆出版社 2014 年版,第 528 页。

会对劳动力的需求。贫困使得女孩的家长无力承担抚养的费用,不得不早早就送往婆家。对于婆家来说,早婚意味着增加了劳动力,并寄托了他们对子嗣的期待。早婚也可以使男方在挑选儿媳妇时有更多的选择。但是早婚的弊病也是显而易见的,夫妻双方身心尚未发育健全,不利于人口素质的提高,或者夫妻双方年龄差距过大,为日后的婚姻生活埋下隐患。如苏北射海区南坎村的吕春芳,从小没了父母,跟着叔叔风里来雨里去,在十几岁的时候,就到钱家去做了媳妇。在成年之前,无论男女心智都尚不成熟,无法对婚姻作出理性的判断。

童养媳产生的原因主要也是贫困。男方无力按照正常的婚姻礼仪娶亲,而女方家庭无力养活女孩子,只得送往未婚夫家童养,由于男女双方并非完全出于自愿,为日后的婚姻生活带来隐患。由于男方家庭本身就贫困,童养媳的生活境遇则往往更为悲惨。比如启西县源勇乡的施竹英诉苦说:"我今年卅四岁,出生九个月给陆仁郎家做小养媳妇,五岁起就学穿锭,一天到夜要给婆打几次哩。有一天,天色冷,穿锭慢了一些,给婆用穿锭针钉在大指甲里,血直淌下来……十三岁下了半个月血,几乎死,到十七岁就'圆房',肚里有了小囝,男人生病,要把我肚里小囝采脱(拿掉),说我命里和男人冲克,廿一岁丈夫死了,还没有脱气,就把我领到二婚头媒人处将我卖给郭家(现在的丈夫)。"①

纳妾、重婚也是传统社会的婚姻陋俗。富裕之家男子往往三妻四妾,纳妾的目的主要是传宗接代、延续家族血脉。在相关的历史记载中,甚至有嫡妻为延续家族血脉而为丈夫安置妾室,比如宋代的儒士司马光。因此,纳妾也并非纯粹的性别压迫,而是与传统的孝道文化有关的。"在体现男性至上主义的诸多社会行为中,孝道、祖先崇拜和血脉延续这三种文化因素实际上汇聚成一个强加于女性的基本

①大会报导组:《启西妇代筹备会开幕》,《复查》1947 年第 37 期。

要求。”①

也有的是为了满足自己穷奢极侈的欲望，如清江（淮安）县伪财政科科长李玉书，“李逆号叫‘七条半人命’，又叫‘七个半老婆’，所谓‘七条半人命’者，就是说有七条人命他应该负完全责任，一条人命是他和另外一个汉奸负责。所谓‘七个半老婆’者，是他除有六个公开的老婆外，还有一个半公开半秘密的姘头”②。

还有的地主纳妾是为了剥削其劳动力。如江苏海安县仇湖区地主石月生糟蹋了女雇工，还让她下乡收租。“新西乡地主石月生，有田四百多亩，反动派来了之后，他就上了海安，去年还收了一年租，今年不敢下来，就在本月十一日，派他的女雇工陈细吉下乡收租。（陈细吉已被他诱奸，怀孕四五个月）一到佃户家，佃户就来告诉了工作同志，工作同志随时将陈细吉找来。经过我们的教育，陈细吉说：‘地主石月生坏啦，我替他用力做活计不算，还把我糟蹋得这样子，这次叫我下乡收租，实骨子是把我赶出门。我现在不上海安去了，我哪怕讨饭，也不离民主村。’”③

女性一般不甘心为妾，因为严格地说，纳妾不属于结婚，妾在家庭中的地位很低，名不正言不顺，与娘家的亲属关系非常淡薄。在江苏泗阳：“女虽贫，不甘为妾，厚币诱之，弗能夺。”④

传统婚姻伦理还维护片面的贞操观念，城镇与乡村之间在婚姻习俗上存在细微的差别，如寡妇再嫁，城镇很少，而农村则较多。在江苏六合县，“婚姻，视门第相当。城乡风俗，迥有不同。如妻死夫娶，虽城乡一致，夫死再醮，乡间有之，城市则未之闻也。乡野之民往往娶养媳

---

①［美］罗莎莉著，丁佳伟、曹秀娟译：《儒学与女性》，江苏人民出版社 2015 年版，第 145 页。

②《清江民众控诉周李两逆罪行》，《新华日报（华中版）》1945 年 12 月 18 日，第 1 版。

③《糟蹋了女雇工还叫他下乡收租》，江苏省档案馆藏，档案号：GB－015－014－024。

④丁世良、赵放主编：《中国地方志民俗资料汇编》第 8 册，国家图书馆出版社 2014 年版，第 531 页。

者，习为常事，城市间或有之，大都居少数耳”[1]。根本原因在于农民的经济更加贫穷，无法完全按照正统的封建婚姻伦理来操办婚姻大事，寡妇再嫁也是贫苦家庭应对生活的方式而已。在江浙一带，民间有资助寡妇的清节堂，目的在于维护封建伦理纲常，但是其经费往往难以保证。如江苏淮阴县伪县长周公望、伪财政科科长李玉书曾克扣清节堂的粮食。“周保长以压越之大声（指比别人的声音都大）说：‘周公望不问老百姓，这还事小，连鳏寡孤独身上都要敲。’这话引起了寡妇老奶奶的共鸣：‘我们清节堂有廿三顷地，李玉书七年没有发给粮。’”[2]传统社会提倡贞操观念其实是一种片面的贞操，目的是维护男性财产不致外流，并且维护男性的颜面和权威，但对妇女来说并不公正。

在传统社会，妇女对于封建礼教并非一概遵从，她们会采取不同的应对方式。如在淮北地区，“由于买卖婚姻制之盛行，妇女感到极大痛苦，而反抗之路，就扭曲成了‘轧姘头’。渴望与要求婚姻自主”[3]。儒家传统关于女性的道德规范应该理解为一种精英话语或理想典范，而不是绝对的教条。比如宋儒程颐主张“饿死事小，失节事大”，但他的侄女和侄媳都选择了再嫁，而他本人也是认同的。儒家伦理也非常讲究变通。实际上民间非传统的婚姻习俗不能一概斥之为“陋俗”，它是由民间的经济生活决定的，是农民应对生存的一种方式。比如，寡妇守节和寡妇自杀行为在晚明以后得到强化，守节之寡妇的家族可以免除劳役或得到修建牌坊的表彰。“因而，寡妇守节之传统可以看作一种重新分配社会资源和权利的手段，平民百姓也由此得以实现自身

①丁世良、赵放主编：《中国地方志民俗资料汇编》第8册，国家图书馆出版社2014年版，第366页。

②《敲竹杠无孔不入，刮到清节堂寡妇头上》，江苏省档案馆藏，档案号：GB－004－001－007。

③江苏省妇女联合会编：《妇女运动史资料》，1983年内部编印，第17页。

的社会流动”[①]。社会不同阶层在婚姻仪式、择偶标准、婚姻花费上并不完全相同，改造传统婚姻习俗面对的不仅是性别矛盾问题，还有更深层次的文化因素。

二、华中根据地对传统婚俗的改造

为了推动妇女解放运动，推行新式婚姻习俗，华中根据地在施政纲领和婚姻条例中颁布了改造传统婚姻习俗、提倡新式婚姻的条文。妇救会等团体也积极帮助女性解决婚姻家庭问题。

1. 倡导自主婚姻

华中根据地的婚姻法令体现了婚姻自主原则，订婚和结婚都要遵循当事人的意愿。如《淮海区婚姻暂行条例》第三条规定：“婚约应由男女当事人自行订定，无论何人不得强迫或代订。”[②]第五条规定：“男女于未成年以前，由家长代订之婚约，于成年后，如不同意时，得申请撤销之。”[③]该条例还规定，婚约不得强迫履行，这反映了婚姻要体现男女双方当事人的意志。《苏皖边区婚姻暂行条例》第二条规定：“婚姻之缔结，以男女双方自愿自主为原则，实行一夫一妻制。”[④]第五条规定：“婚约应由男女当事人自行订定，任何人不得代订，其已经他人代订者一律无效。”[⑤]《苏皖边区临时行政委员会施政纲领》提出：“实

①[美]罗莎莉著，丁佳伟、曹秀娟译：《儒学与女性》，江苏人民出版社2015年版，第154页。

②江苏省高级人民法院院志编辑室编：《江苏革命根据地法制文献选编(1941—1949)》，1988年内部编印，第159页。

③江苏省高级人民法院院志编辑室编：《江苏革命根据地法制文献选编(1941—1949)》，1988年内部编印，第159页。

④朱耀龙、柳宏为：《苏皖边区政府档案史料选编》，中央文献出版社2005年版，第84页。

⑤朱耀龙、柳宏为：《苏皖边区政府档案史料选编》，中央文献出版社2005年版，第84页。

行一夫一妻的自愿婚姻制度,严禁蓄婢、纳妾、溺婴、强婚。"[①]

根据地流行的民歌、宣传材料也积极宣传婚姻自主的政策。江苏睢宁县妇女宣传材料有一首歌叫《糊涂》,讲的是一个糊涂妈妈包办女儿的婚姻,结果使女儿的生活十分痛苦。"人家夫妇多和睦,提起他来我就哭。妈妈娘,你好糊涂,哎哎哟,婚姻要自主。"[②]在苏中根据地的如皋县,流传着一首反映婚姻自由的《"三八"五字句》:"恭喜解放区,妇女有自由,不做小媳妇,没得女二流。恭喜解放区,男女得平等,事情一样办,选举有他分。"[③]苏中根据地的东台县有一首童谣《自己当家》,反映了女性要求自己当家的愿望:"姊姊今年才十八,脸儿胖,脚儿大,下湖就种地,来家纺棉花;她的劳动实在好,谁个见了谁个夸。""老媒婆,上我家,要给姊姊说婆家;可恨我妈妈,做事理太差,又算命,又抽卦,姊姊婚姻她要来当家。""姊姊听说心烦恼,又是哭,又是骂!'恨今妇女都解放,为何不让自己来当家?'全家开个批评会,劝说我妈妈:'儿女婚姻要自主,老的不该胡当家。'"[④]值得注意的是,在这几则案例中,包办婚姻的实施者,都是作为女性的母亲,与其说是父权制的影响,还不如说是作为"母亲"的女性,已经成为家族利益的代言人。经过婚姻自由政策的宣传、推行,在华中根据地,婚姻自由原则已逐渐为普通民众接受、认可。

第一,订婚、结婚要符合当事人意愿。传统社会包办婚姻较多,根据地建立后,随着婚姻新政的推行,妇女逐渐觉悟,纷纷要求废除由父母包办的婚约或者解除不合理的婚姻关系。

如江都县兴桥区的黄桂英登报否认婚约:"我年幼时由父母做主

---

①韩廷龙、常兆儒编:《中国新民主主义革命时期根据地法制文献选编》,中国社会科学出版社1981年版,第66页。

②睢宁县妇女联合会编:《睢宁县妇女运动史料(1919—1949)》,1991年内部编印,苏徐出准字〔91〕第039号,第112—113页。

③《"三八"五字句》,《如皋大众》1948年3月13日,第3版。

④《自己当家》,《东台大众》1947年3月1日,第2版。

与兴士元订婚，现我已依政府的婚姻法否认婚约，特此登报郑重申明。"①苏中抗日根据地如东县栟丰区南楼乡的黄佩贞早年由叔伯作主许与曹家楼戴子远之子为婚，并未征得其本人同意，且戴某家境及人才与媒妁所言不符，因此，黄佩贞提出解除婚约。② 不论婚姻制度如何，婚姻双方当事人对择偶对象都会有一定的标准，在传统父权制社会，年轻人的择偶意愿往往被忽视，而在抗日民主根据地，年轻人的择偶意愿能更多地得到尊重。海门川流港的王琴自幼由父母做主，与奚文才之子奚克明订婚，未得本人同意。1944 年，她向海东区署提起否认该项婚约，请求予以解除。③ 传统社会，很多由父母或其他长辈订立的婚约并未征得当事人的同意，抗日民主政府建立后，婚约的对象如果不符本人的意志，他们则可以依据新式婚姻法令、政策予以否认。江苏省东南县的民运工作队曾帮助婚姻不自主的女青年解除婚约，如海东区民本乡的何桂芬，就是在民运工作队的帮助下，解除了旧婚约，走上了革命的道路。

一些年轻人对父权制提出挑战，逐渐掌握了主婚权。1944 年 5 月，苏中根据地的盛勤珍登报宣布与杨崇道结婚。"缘余年龄二十有余，因家庭环境恶劣，父亲终年在外图谋生涯，关于余之终生问题丝毫不理会，不得不邀请潘学桂、杨九财（为）介绍人，（嫁）杨崇道为终身伴侣，于本月二十三日在三仓乡正式举行结婚典礼，特此声明。"④

苏北抗日根据地沭阳县沈集有位能干的姑娘叫换姐，当选为妇救会会长，被她二奶奶介绍给一个侄儿做媳妇。"村里妇救会也开始组织了，大家看换姐心巧人巧，做事又能干，于是就选她做村妇救会会长，换姐自参加工作后，又负责，又认真，遇巧还学会几个字。现在村

---

①黄桂英：《否认婚约启事》，《苏中报》1944 年 5 月 17 日。

②黄佩贞：《黄佩贞解除婚约启事》，《苏中报》1944 年 5 月 29 日。

③《海门川流港王琴否认婚约启事》，《苏中报》1944 年 6 月 13 日。

④《杨崇道、盛勤珍结婚启事》，《苏中报》1944 年 5 月 29 日。

里，老百姓、干部，没有一个不知'能干姑娘'换姐的。她的二奶奶特别喜欢她，把她说给娘家侄儿做媳妇。"[①]传统乡村社会，年轻女性的活动范围十分有限，自主择偶的机会不大。抗日根据地建立后，妇女被动员起来，参加救亡活动，如参加妇救会、识字班、生产劳动，这不仅对于抗战事业和中共的民族国家构建有积极意义，而且对于妇女解放本身也有促进作用。妇女通过参与社会活动，增加了人际交往，了解了婚姻新政，见识自然增加，让她们再就范于包办婚姻就很难了。换姐的未婚夫虽然也是长辈介绍，但也经过了她本人同意，体现的是她本人的意志。在江苏，有一个地主的女儿叫黄秀芬，与其家的雇工李德相好，愿结成终身伴侣，由于不门当户对，不能结成夫妻。1947 年 5 月，黄私奔到李家公开同居，黄的父母向县司法科控告李德诱骗其女。司法科经过审理，认为黄、李二人完全出于自愿，因此批准为合法的婚姻关系。[②]

江苏如皋县有个童养媳叫袁美英，东家企图霸占她做小老婆，在如皋城解放后与雇工季远祥自由结婚。"袁美英同志原名英儿，今年二十多岁，从小在如皋城上人家做小媳妇，公婆死了以后，未婚夫又当伪军，她溜出来讨了两年饭，以后就到何庄周子芹家中做了七八年丫头。她的主人家隔壁就是季远祥的主人家，不多时两人就好起来了，但怕老板知道了不得了，总不敢在一起谈谈说说……去年老板想占美英做小老婆，她哭了三天三夜没有吃饭。老板打她，说她气多。季远祥心里更难过，带她溜，又没得安身的地方。正在没法想的时候，恰巧我军攻克吴窑、沈甸等据点，反动地主逃到石庄，他们两人赛才（这下）如重见天日，从此感情非常融洽。以后在发动群众中，斗封建，挖浮财，他俩是最积极的。袁美英当选为妇女委员，季远祥当了区农筹委

①路：《能干姑娘》，《生活》新 7 期，1945 年 7 月号，第 57 页。

②江苏省地方志编纂委员会编：《江苏省志 · 审判志》，江苏人民出版社 1997 年版，第 222 页。

员。村里群众见他俩工作积极，都是雇农出身，感情又好，提出介绍他俩结婚成家，并得到农会的批准。这次到区里来开会，他俩非常开心，季远祥和袁美英说：'过去在地主家，两人只有好在心里，总不敢表示出来。现在毛主席领导穷人，大家都翻身，我们才能结婚成家，今后要替群众做好工作，永远感谢毛主席这个大恩人。'"①

在传统社会里，袁美英不仅沦为童养媳，而且还被差点逼迫为妾，在封建伦理的束缚下，袁美英与季远祥虽有感情，但无法自由恋爱结婚，直到民主政府建立后，成立了群众组织，他们才得以结婚成家。由此可见，传统的婚姻陋俗是依附于封建经济的，民主政府成立后，经过"土改"，地主土地所有制被摧毁，传统的婚姻陋俗也受到严重冲击。

近代中国的妇女解放与西方并不完全相同，西方的女权运动主要向父权制本身宣战，而中国的妇女运动的主要矛头并不是性别矛盾，而是不合理的经济、社会制度及文化观念。

因为不仅女性，贫苦男性也是封建经济制度和伦理制度的受压迫者。在传统社会中，青年男女自主择偶的意愿无论是受阻于父母还是地主、东家，除了传统伦理的原因之外，还在于孝道、贵贱有别等文化观念。贫苦女性只有与男性一道，支持革命，彻底改变旧的社会制度，才能在大的社会变革中从根本上改善自身的权益。华中根据地通过减租减息、"土改"等运动，大大削弱了乡村中地主和族权的力量，这就为自主婚姻提供了可能。

第二，离婚自由，出现了大量的离婚案件。在华中革命根据地，妇女不仅订婚、结婚具备自主权利，而且离婚也为社会所接受和认可。《淮海区婚姻暂行条例》第十五条规定："夫妻之一方有下列情形之一者，他方得请求离婚：一、充当汉奸者。二、违反抗战民主利益，政治思想严重对立，不能维持夫妻关系者。三、重婚者。四、与人通奸者。

①沈玉齐、李一洁：《靠毛主席翻身成了家》，《新华日报（华中版）》1948 年 3 月 29 日，第 1 版。

五、受他方不堪同居之虐待，或在恶意遗弃中者。六、有重大不治之精神病或不治之恶疾者。七、夫妻感情确实破裂，经调解无和谐之望者。八、吸食鸦片毒品，屡劝不改者。九、判处三年以上之徒刑，或因犯不名誉之罪被处徒刑者。十、生死不明已逾三年者。十一、不能人道者。”①

在华中根据地众多的离婚案件中，最主要的原因是感情不和。如皋县丁东区玉树乡丁忠明、崔氏因意见不合而登报离婚：“兹因我俩意见不合时常口角，今凭双方证人丁忠富崔广义调解离异，嗣后男婚女嫁各听自由，两不干涉，特此登报申明。”②海门县海中区富中乡的季文才、江瑛官夫妇因意志不合而登报离异，并申明，他们所领养的女儿杨来虞由江瑛官抚养，将来上学、出嫁等都与季文才毫无干系。③ 车马湖区马练乡马学圃与渡军井区贾屋乡贾美群结婚后感情不洽，双方决定离婚。在苏中三分区，靖江县西来区东来乡的苏俊与赵桐弟因感情破裂而离婚：“我俩自结婚以来，已一载有余，不料中途发生感情破坏，势难偕老，今我俩情愿离婚，自离婚之后，男婚女嫁各听自由，除凭中立凭字外，特此登报声明。”④泰县曲南区周机乡朱家村的朱庆芳因与前妻许凤英不和，经由司法科判决离异，并声明所有许氏物件由其逐一领走。1944 年 10 月，泰县曲南区张夏乡夏盛如夫妇登报声明离婚：“我俩自结婚以来，感情不和，现在双方自愿离异，永远脱离夫妇关系，今后娶嫁，各听自由，除呈请县署备案外，特此登报声明。”⑤1948 年，在苏中根据地海启县，有个叫邱安康的人在报纸上登离婚启事，与妻子离婚：“本人在去年和北园乡东平村龚朝品的女儿龚兰如结婚，现因

①江苏省高级人民法院院志编辑室编：《江苏革命根据地法制文献选编（1941—1949）》，1988 年内部编印，第 160 页。

②《丁忠明、崔氏离异启事》，《苏中报》1944 年 5 月 29 日。

③《季文才、江瑛官离异启事》，《苏中报》1944 年 5 月 29 日。

④《江潮报》1944 年 10 月 7 日，第 3 版。

⑤《江潮报》1944 年 10 月 7 日，第 2 版。

意见不合，双方都同意离婚，特此登报声明！启事人　邱安康。”[①]在根据地农村，采取登报的形式协议离婚，在当时还属于新鲜事物，反映了根据地婚姻自由政策的教育推行有了一定的效果。

一些妇女因不堪家庭虐待而提出离婚。妇女干部鲁毅在《我的革命生涯》一文中讲到金坛县礼何区一名妇女因不堪虐待而离婚。“太平村有一户人家，丈夫的夫权思想很严重，对于妻子任意打骂，女方虽受不了，但不敢讲，我们听到反映后，将他们夫妻叫来，向男方宣传男女平等的道理，指责他歧视、虐待妇女的行为，后在女方的坚决要求下，为他们办了离婚手续。”[②]

有严重的精神疾病或其他恶疾，无法维持夫妻关系也是导致离婚的原因之一。鄂豫边区“有一个势力大地主之姑娘，很小即得了精神病，婆家原想接过来，过几年，精神病许会好，谁知，结婚后四五年仍如此，婆家气不过，但无办法：休妻吧，不敢！不休吧，娶了一个‘活死人’！后经妇救会与政权配合批准双方脱离关系”[③]。

此外，还有因丈夫投靠敌伪而提出离婚者。李桂英之女，配于城黄区毓秀乡李秀河周群儿为妻，周群儿至泰兴城投伪三年未归，李桂英为其女儿向县府申诉离婚。

华中根据地虽然确定了离婚自由的原则，但是对离婚问题采取了慎重的办法。如1948年华中支前司令部参谋处、华中地委、华中工委制定的《妇女问题讨论意见》对离婚问题作了一些限制，如：“干部家属妇女，如干部机动到外省工作，如干部已另外结婚，必须通知其老婆另行出嫁，本地干部如果与家庭老婆在感情上、政治上、生理上实在不和，可得到双方家长同意，并得到党委与政府批准，方可离开。一般

①《离婚启事》，《海启大众》1948年3月5日，第2版。

②江苏省妇女联合会编：《妇女运动史资料》，1983年内部编印，第55—56页。

③鄂豫边区革命史编辑部编：《鄂豫边区抗日根据地历史资料》（群众工作专辑），1985年内部编印，第225页。

的，如家庭老婆并不拖腿阻止本人革命，政治上亦不反动，不得随便离婚。”[①]该意见还规定：“群众离婚，如果双方年龄不合，身体不健全，神经不健全，可根据情况，适当准予离婚，如感情不太好，有一方有其他意图必须以调解形式，若实在不行，可以离开。”[②]

根据地婚姻习俗的改变，一头承载着过去，一头担负着未来。主要在青年男女中倡导新式的婚姻，不是全盘否定传统婚姻伦理。抗战和解放战争的胜利有赖于根据地基本生产单位——家庭的支持，中共在从事婚姻习俗改造，保护妇女权益的同时，还需要维护家庭的稳定。华中支前司令部参谋处制定的《妇女问题讨论意见》指出：“所谓婚姻自由问题，是反对一切不合理的婚姻制度，今天我们的重点是发动农村广大青年妇女，婚姻自主，反对封建买办婚姻，对目前存在的婚姻问题，亦应当适当处理，群众男女离婚，须经农会之同意，党员干部不独是经过当地农妇之同意（当地干部、党员），亦须经党同意，不能一方强迫一方。”[③]传统的婚姻习俗并非简单的一纸婚姻法令所能改变，它依赖于政权、法令及教育的共同作用。

2. 简化婚姻仪式，提倡适当的彩礼

传统的婚礼程序烦琐，花费巨大，导致人们之间相互攀比，成为农民沉重的负担。对普通农民来说，女方准备嫁妆，男方筹备彩礼都不是一件容易的事情。根据地倡导新式婚礼，减少婚姻花费。《淮海区婚姻暂行条例》第六条规定：“订婚时男女双方均不得索取金钱或其他财物，但纯纪念性质之物品不在此限。”《淮北行政公署关于开展生产建设的决定》提出了节约公约四条：“①不吃纸烟；②不喝酒；③不赌

---

①安徽省妇运史资料编纂委员会：《安徽省妇女运动历史资料选编》（一），1983 年内部编印，第 87 页。

②安徽省妇运史资料编纂委员会：《安徽省妇女运动历史资料选编》（一），1983 年内部编印，第 88 页。

③安徽省妇运史资料编纂委员会：《安徽省妇女运动历史资料选编》（一），1983 年内部编印，第 88 页。

钱;④婚丧喜事一概从俭。”①

1946 年 1 月 20 日颁布的《苏皖边区婚姻暂行条例》第十五条规定:“婚约得请求解除,但不得以对方贫寒影响生活为理由。”②根据地不赞成在婚姻关系中嫌贫爱富的做法。彩礼是几千年来中国人婚姻中流传下来的礼俗,也是新的家庭成立的物质基础,因此,适当的彩礼是必要的,也是合乎风俗民情的。媳妇的父母养育一个女儿要耗费相当多的钱财与精力,通过彩礼的形式,给娘家一定的物质补偿是合理的,也体现正常的人情往来。但高额的彩礼则使农民家庭不堪重负,成为严重的社会问题。特别是民间的攀比之风,彩礼太薄会使新娘家觉得没面子。

华中根据地民众积极响应婚姻新政,举办节俭的婚姻。华中根据地民众婚姻的程序大致分为订婚和结婚。《淮海区婚姻暂行条例》第十一条规定:“结婚应有公开仪式及二人以上之证明。”③这与国民政府的《民法·亲属编》是一致的。《苏皖边区婚姻暂行条例》第十条规定:“结婚应有公开之仪式及二人以上之证明。男女双方有婚约关系,虽未正式结婚,已经同居为公开事实者,视为结婚。”④

由于战争对中国经济的破坏,一些农民在婚礼中往往不得不简化仪式与费用。如“盐城徐黄乡有个姓张的佃户,他儿子今年结婚。看到春荒严重,没钱花费,要节省些,就跑到丈人家,一商量,不花一个小钱,把女人带家来了。庄上人都说:‘带女人不用轿子了,也不用船,真

①江苏省档案馆编:《红色记忆——江苏省档案馆馆藏革命历史报刊资料选编(1918—1949)》,东南大学出版社 2014 年版,第 517 页。

②朱耀龙、柳宏为:《苏皖边区政府档案史料选编》,中央文献出版社 2005 年版,第 85 页。

③江苏省高级人民法院院志编辑室编:《江苏革命根据地法制文献选编(1941—1949)》,1988 年内部编印,第 160 页。

④朱耀龙、柳宏为:《苏皖边区政府档案史料选编》,中央文献出版社 2005 年版,第 85 页。

能节省多少花费啊！’”①在根据地的倡导下，民众逐渐改变了奢靡的婚姻礼仪，对于战胜饥荒、恢复经济起到了积极作用。伍千平、洪波在《有关淮南路东地区妇女工作的一些情况》中谈到了淮南抗日根据地婚俗改革的做法："提倡婚姻自主，禁止买卖婚姻或变相的买卖婚姻，反对虐待妇女，提倡勤俭节约办婚事，订婚时不要彩礼，树立移风易俗的好风尚。"②

华中根据地靖泰县孙庄乡的妇联代表孙齐荣在结婚时主动简化了婚礼："于三月二日夜出嫁，贺送的妇女很多，当时大家感到我们妇女现在得到了解放，结婚就不能再像过去老一套，把新娘子用被子包起来，用绳子绑在车子上推，活像犯了什么罪，不能见人似的。经讨论后，大家一致意见，认为这次孙齐荣出嫁，横竖离公婆家不远，不过一二里地路，不要再把她绑在车子上推了，她们已准备了花匾，可以一脚贺送她到那边，顺便恭贺恭贺男家。举行结婚仪式，不要随过去弄什么'关门坐富贵'，只要他们夫妻先向祖先三鞠躬，公婆三鞠躬，哥嫂一鞠躬，然后夫妻对行一礼，就可以出来做主人，招待来客，这样礼貌既不缺少，同时也是我们妇女真正得到解放。"③传统的婚礼要选择良辰吉日，而在华中根据地，战争的环境不仅客观上要求婚礼从简，而且婚礼作为人生的礼俗也必须服从于战争与革命。如"世明区港南村有一民兵同志单汝文，他父亲已看下三月初二日子（旧历）替他娶亲，准备办喜事，但是单汝文同志，对革命有认识，在村民大会上自动报名，跳出要参加主力，并且说：'鬼子一天不打走，一天不回来带女人！'"④

彩礼是困扰农民的大难题，很多乡村农民由于贫困娶不起老婆，根据地一方面倡导节俭的婚姻仪式，避免给家庭造成沉重的负担，另

---

①徐超：《春荒要节省，带女人不用花轿》，《盐阜大众》1946年3月21日，第1版。

②安徽省妇运史资料编纂委员会编印：《安徽省妇女运动历史资料选编》（二），1984年内部编印，第140页。

③《孙庄乡妇女结婚新仪式》，《新华日报（华中版）》1948年3月17日，第1版。

④《鬼子打走再娶老婆》，江苏省档案馆藏档案，档案号：G13－017－006－002。

一方面倡导他们努力生产，创造财富，从而成家立业。淮北陈圩乡按户订立了兴家计划。“随时解决各种个人的家庭之间的矛盾，把生产情绪增高，如：一、因为没有女人的青年男子而生产情绪低落（一般没有女人的青年或中年男子生产情绪是较低落的），则启示以远见，说明在努力生产致富之后，是不会没有女人的，且举例子以兹证，而提高了他的生产热情（如陈登其）。”[①]由于光棍汉没有什么负担，所谓“一人吃饱，全家不饿”，因此生产积极性不高，而有家室的男子则承担更多的义务，否则无以养活家小，因此，结婚对于人生来说是一件意义重大的事情，也是生产发展的动力之一。在华中根据地农村，彩礼的支出对一个普通农民来说不是一笔小数目，通过鼓励生产，增加了家庭财富，也使农民得以解决成家立业的难题。苏北涟东县在实行减租增资后，贫农和佃户的生活水平有所上升，也为结婚成家提供了条件。“老解放区实行减租增资后，佃户、雇工纷纷典田盖屋。涟东北集区六堡村佃户徐贯海，种地主三十亩田，从前一年苦到头，只落得两手握空拳，自民主政府建立，他坚决执行减租交租法令，勤耕苦做，使收入增加，目前已买秋田六亩、旱田八亩，典田八亩，买耕牛半条（与别家合买），生活得到改善。同时雇工李桂钱，从二十岁离家雇大工，现已四十多岁，在实行增资以后，每年将工资典进二三亩地，并讨了一个老婆，今秋还准备盖两间房子，他说：‘我的老命好，得亏新四军和民主政府帮助咱们穷人。’”[②]

传统社会，由于结婚彩礼负担重，一旦发生悔婚或解除婚约时，彩礼纠纷往往容易激化成为男女家庭之间的矛盾。华中根据地对彩礼纠纷也规定了处理办法。《淮海区婚姻暂行条例》第二十三条规定：

①《陈圩乡按户兴家计划及劳动互助》，《拂晓》第1卷第9期，1944年，第35页。见江苏省档案馆、南京师范大学抗战研究中心联合选编：《中华抗战期刊丛编》（15），国家图书馆出版社、南京师范大学出版社2015年版，第699页。

②徐延康、王莲芳：《减租增资，使佃户雇工生活上升》，《苏北报》1945年11月6日，第1版。

“订婚之女方曾接受男方之彩礼者，如女方要求解除婚约，应将彩礼返还，无力返还者，得按普通债务关系处理之。”[①]《苏皖边区婚姻暂行条例》对婚约解除时彩礼的处理进行了规定：“解除婚约时，应双方退聘礼，互负因婚约上所受之损失。自愿自主婚姻，在解约时，除有过失之一方退还聘礼外，并得赔偿无过失之一方因婚约上所受之损失。”[②]对于高额彩礼，一味地禁止是不能奏效的，通过教育提倡适当的彩礼，通过法律的形式对婚姻中的彩礼纠纷进行调解，有利于化解矛盾，维护社会秩序。

3. 打破门户观念，树立新型择偶观

华中根据地建立后，对旧的婚姻观念进行了变革。根据地的减租减息政策也引起了阶级关系的变动，拥军优抗政策的实行，使得荣誉军人的地位显著提高，成为女性青睐的对象。随着“土改”等政治运动的进行，地主被打倒，政治取代了门第、财富成为择偶时首先要考虑的因素，劳动能力和个人素质受到更多的关注。

在华中根据地，有一首小调反映了男性择偶观的变化，叫《黑牛与二婆》：

王黑牛，李二婆，
两下遇到笑呵呵，
二婆问黑牛：
为何娶个傻老婆，
斗鸡眼儿大脚板，
满脸麻子一大窠，
说起话来哝哝鼻，

①江苏省高级人民法院院志编辑室编：《江苏革命根据地法制文献选编（1941—1949）》，1988 年内部编印，第 161 页。

②朱耀龙、柳宏为：《苏皖边区政府档案史料选编》，中央文献出版社 2005 年版，第 85 页。

三根黄毛不像样。
黑牛开言道：
这会世道改了样，
过去娶妻看漂亮，
如今娶妻要做活，
别看媳妇长得丑，
做起活来赛几个，
不管长得丑不丑，
能做生活就算好老婆。①

随着根据地对新式婚姻的倡导，人们的择偶观发生了变化，相貌不再是重要的择偶标准，而劳动能力成为年轻男女在择偶时考虑的重要因素。

在东台县也有一首民谣："蝴蝶双双采花忙，小妹妹低头相情郎，不要浪荡摇手汉，只要农家勤俭郎。三耕六耙九锄田，一季收成抵一年。要是懒汉不出力，金田也要变荒田，车水□泥好下秧，过去都为别人苦，今年收粮自己尝。"②这说明，男性本人的劳动能力成为女性择偶的重要标准。

根据地对抗日军人家属实行优待的政策，军人也成为女性结婚的理想对象，在根据地有很多反映拥军的歌曲，根据地还对革命军人的婚姻采取保护政策。如在盐阜区就有一首歌叫《送丈夫上前线》："送君送到运河堆，运河堆上春风吹，春风吹着英雄面，祝你胜利在前线。愿你安心在前线，家中的事情莫挂念，庄上代耕组织好，政府照顾都周全。"③拥军优属政策使军人配偶在生活上可以得到基本的保障。

在华中根据地，民众的择偶观念出现的最大变化是，门第，或者说

---

①《黑牛与二婆》，《生活》（创刊号）1945年3月10日，第51页。

②《民谣》，《东台大众》1947年5月12日，第2版。

③马云、梁磷：《送夫上前线》，《盐阜大众》1949年3月5日，第3版。

是男女双方的家庭出身、经济地位不再是择偶过程中不可逾越的鸿沟，婚姻可以跨越不同阶级和阶层，择偶过程中考虑的因素更加多样化，青年男女在择偶过程中可选择的余地更大。要打破传统婚姻伦理门当户对的准则，除了法令、政策以外，还需要靠宣传、教育及模范的塑造。

4. 革除婚姻陋俗

对于传统社会存在的婚姻陋俗，华中根据地大力革除。《淮海区婚姻暂行条例》第二条规定："重婚、早婚、抢亲、纳妾、童养媳、买卖婚姻等陋习，一律禁止。"[①]关于婚龄，该条例规定："男未满十八岁，女未满十六岁不得结婚。"《苏皖边区婚姻暂行条例》第三条规定："重婚、早婚、抢婚、买卖婚、纳妾、童养媳等一律禁止。"[②]该条例第九条规定："男未满廿岁、女未满十八岁者不得结婚。"[③]

皖江抗日根据地无为县的妇救会积极改善童养媳的处境："过去群众都有收养童养媳的习俗，个别农民还有虐待童养媳的，妇抗会总是关心这方面的问题，不允许虐待童养媳，要求农民对童养媳像自己的亲生子女一样来看待。"[④]童养媳是民间贫苦百姓应付婚姻问题的无奈选择，如果一味采取送返娘家的做法，并不能改善其生存处境，而对男方来说则是人财两空。因此根据地一般的做法是要求善待童养媳，等童养媳成年后根据其自身的意愿决定其去留。这样的做法既维护了社会的稳定，又体现了婚姻自由的原则。

淮海抗日根据地处理过一起抢婚的案件，解救了一名周姓女子。

---

①江苏省高级人民法院院志编辑室编:《江苏革命根据地法制文献选编(1941—1949)》，1988 年内部编印，第 159 页。

②朱耀龙、柳宏为:《苏皖边区政府档案史料选编》，中央文献出版社 2005 年版，第 84 页。

③朱耀龙、柳宏为:《苏皖边区政府档案史料选编》，中央文献出版社 2005 年版，第 84 页。

④刘芳:《抗战时期无为县妇女工作与根据地建设》，安徽省妇运史资料编纂委员会编印:《安徽省妇女运动历史资料选编》(二)，1984 年内部编印，第 135 页。

“一所狭窄的房子，里面塞满了人，门外还拥挤着许多妇道人家，一张矮小的桌子旁坐着一个年轻的同志，旁边坐着一个仅有二十来岁的女子。油灯，跳动着昏黄的火焰，人们都一声不响静听着这奇怪的审讯。‘我家在王集附近，是淮阴的。’‘我今年二十岁。’‘娘家姓周，未婚夫姓王。’‘是今年的三月间我就被这群狼心狗肺的土匪绑去了，当时爷爷就去赎，这些狠心的狼子不但不给赎，而且要割爷爷的耳朵。×日的晚间，鲍小三子就勒逼我做他的女人了，他还骗我，说抢好东西给我吃，抢好衣服给我穿。’‘不从，鲍小三子那副凶恶的面孔可把我吓坏了，他要打死我，又要活埋我。’‘跟着鲍小三子以后，天天就忙着奔波躲藏，也不知吃了多少苦头。’”①在抗日民主政府的审讯下，该女子得以解救。抢婚违背了婚姻自主的原则，也违背了妇女的意志，根据地反对抢婚，坚持了婚姻自由原则，维护了妇女权益。

金坛县礼河区民主政府也处理过一起抢寡妇事件。“一天，东村的一个单身汉带人抢亲，抢走了大西村的一个寡妇，两村之间发生了纠纷。我们区政府及时派人赶到东村，向他们宣传婚姻自主的道理，指出任何人都不得包办婚姻，更不允许抢亲。经过调解，这位寡妇回到了大西村，获得了人身自由。”②

根据地还反对纳妾，积极解救被强迫为妾者。比如江苏涟水的陈玉兰被地主逼迫为妾，又被地主卖给他人，最后在民主政府支持下得以解救。“我是山东济南人，哥哥被抽了丁，我跟母亲逃荒到涟水，吃了许多苦，娘儿俩到一个大地主家做工，这个地主的屋子，有八进天井，母亲替他家做苦工，我十三岁替他家带孩子，一天只吃一小块煎饼，从来没吃饱肚子，地主想我做小婆子，把我母亲在前面天井里用枪打死，不许我哭一声……太爷六十多岁了，要我跟他做小婆子，我吓得求他，我年纪太小，不行。又叫我帮他洗澡，自己是年轻幼女，实在难

①哲明：《她得救了》，《淮海报》1941 年 12 月 25 日，第 4 版。

②江苏省妇女联合会编：《妇女运动史资料》，1983 年内部编印，第 56 页。

受,逼住无法,只好闭着眼睛去洗。他逼我跟他,我无论如何不愿意,他就把我卖出去,卖了四家子,最后卖给一个七八十岁的老头子。这天晚上带了一个马来拉我。我知道了,想卖去逃是没命,就偷偷地爬过几丈高的围墙,跳下来,脚和手跌坏了,几天不能动。我找到乡公所去报告(这时八路军已经来了),乡里送我到区里,所有的人看了我身上的伤痕,全哭了。可惜,那地主以后却逃走了,大仇没有报,不过,我以后就解放了。"①在传统社会,许多妇女在婚姻问题上无法左右自己的命运,并不完全是父母的干预或父权制本身造成的,而是由于生活贫穷迫不得已,家庭条件尚好的父母,还是愿意为女儿选择理想的佳婿。昆山理学家朱柏庐在其《治家格言》中就讲到"嫁女择佳婿,毋索重聘;娶媳求淑女,勿计厚奁"。这说明,中国传统的婚姻文化中也包含着许多积极的因素,这也为现代文明婚姻习俗的推行提供了前提条件。

根据地反对片面的贞操观念,允许离婚和再婚自由,反对干预寡妇再嫁。如《淮海区婚姻暂行条例》第十三条规定:"孀妇有再嫁与否之自由,无论何人不得干涉,或借以索取财物。"②根据地对传统的贞节观念进行了改造,将其构建为革命的、光荣的气节。如针对国民党军队的奸淫,"阜宁益林等地妇女更坚持气节,曾组织剪刀队向蒋匪进行反强奸斗争"③。传统家庭庶子女的地位相对于嫡亲子女地位较低,权益无法保障。华中根据地对再婚所生子女及非婚生子女一视同仁。如《淮海区婚姻暂行条例》第十二条规定:"女子再嫁,所携来之

---

①《在三八妇女节的大会上,陈玉兰同志诉苦》,江苏省档案馆藏,档案号:GB－009－072－010。

②江苏省高级人民法院院志编辑室编:《江苏革命根据地法制文献选编(1941—1949)》,1988年内部编印,第160页。

③张鸿志:《我们怎样纪念"三八"妇女节》,《新华日报(华中版)》1948年3月8日,第1版。

未成年子女，新夫有共同抚养之义务。”[①]第二十一条规定：“严禁杀害非婚生子女，违者以杀人罪论处。非婚生子女得经其生父认领，或经其生母提出证明要求其生父认领者，生父应负担抚养之义务。非婚生子女之法律上地位，与婚生子女同。”[②]

传统社会近亲结婚在一定范围内存在，违背了优生优育的科学原则。华中根据地禁止近亲结婚。《苏皖边区婚姻暂行条例》第十一条规定：“左列亲属不得结婚：一、直系血亲及直系姻亲。二、旁系血亲及旁系姻亲之辈分不相同者，但旁系血统在八亲等之外，旁系姻亲在五亲等之外或姨表姊妹之结婚，不在此限。”[③]对婚姻陋俗的革除保护了女性的利益，化解了社会矛盾；对于提高人口素质，改善民众的健康状况也有一定的积极意义。

5. 保护妇女权益

为了打破旧的家庭伦理，推动妇女解放，根据地的施政纲领中规定了保护妇女权益的做法。如1944年颁布的《苏中区施政纲要》第十条要求：“依据男女平等之原则，从政治经济文化上提高妇女之社会地位，发挥妇女在经济建设上之积极性，保护女工、产妇及儿童，提倡剪发放足，实行自愿的一夫一妻婚姻制。”[④]根据地采取了种种措施，保护妇女的合法权益，提高其家庭地位。

首先，反对家庭暴力，提倡家庭和谐。在传统社会，妇女经常遭受打骂等家庭暴力，根据地反对打骂妇女的行为，提倡家庭和谐。妇女干部徐伟在《东南县妇女运动情况》一文中讲道：“1941年，我们得悉

---

①江苏省高级人民法院院志编辑室编：《江苏革命根据地法制文献选编(1941—1949)》，1988年内部编印，第161页。

②江苏省高级人民法院院志编辑室编：《江苏革命根据地法制文献选编(1941—1949)》，1988年内部编印，第161页。

③朱耀龙、柳宏为：《苏皖边区政府档案史料选编》，中央文献出版社2005年版，第85页。

④中共江苏省委党史工作委员会、江苏省档案馆编：《苏中抗日根据地》，中共党史资料出版社1989年版，第338页。

正原乡成臣村韩家新媳妇经常被婆婆、丈夫打骂，娘家为女儿申冤多次无效，新娘子哭诉无门。妇抗会就发动一大群妇女上门进行说理斗争，宣传男女平等，使她婆婆、丈夫检讨了错误，并请了保人，从此后，他们再也不打骂新媳妇了。”①

苏南的妇女干部王曼在《战斗在茅山》一文中回忆：“有一次，我在东、西庄湖支部了解到这样一件事，该村一个年轻媳妇跳河自尽，被救了起来，经妇抗会调查，主要原因是婆媳不和，婆婆不让儿子与媳妇住一块，不让媳妇上识字班，丈夫胆小，夫妻感情疏远，媳妇一气之下寻了短见。妇抗会就发动积极分子分头做三人的工作，促使她们婆媳、夫妻和好，解决了家庭矛盾。在扩军运动中，她们婆媳俩还高高兴兴地送子送郎参了军。”②淮南抗日根据地在开展妇女工作时，“提倡婆媳之间、夫妻之间、妯娌之间，要互敬互爱，尊婆爱媳，团结一致搞好生产。同时，还成立调解委员会，调解家庭之间、邻里之间的纠纷”③。

家庭矛盾的产生，根本原因大多数是经济上的原因，或者说是贫困，如婆媳间对家庭有限权利的争夺、生活的重压而导致夫妻关系的裂痕等。华中根据地在妇女运动中，也曾采用斗争的办法，比如通过妇救会，发动媳妇斗婆婆、妻子斗丈夫，但不能根本解决问题，反而会激化家庭矛盾。因为家庭成员之间虽有矛盾，但他们还在一起生活。家庭是根据地主要的生产单位，也是革命战争赖以持续的基础。因此，华中根据地反对家庭暴力与虐待，既反对虐待媳妇，也反对虐待老人。1945 年在泗沭十区“严□先生儿媳妇、樊苏村樊家儿媳妇等均在各个说理会上诉苦，并谋得解决，各家长均具结保证不再虐待。同时陈碾村庄施氏逼死八十三岁老婆婆，周和村周 × × 与妻子虐待老娘等

①江苏省妇女联合会编：《妇女运动史资料》(4)，1983 年内部编印，第 81 页。

②江苏省妇女联合会编：《妇女运动史资料》(4)，1983 年内部编印，第 44 页。

③安徽省妇运史资料编纂委员会编印：《安徽省妇女运动历史资料选编》(二)，1984 年内部编印，第 140 页。

也遭到了斗争。这一般认为把妇救会单纯解决儿媳妇痛苦的错误观点完全打破了,更促进了妇女工作的开展”①。性别矛盾、家庭矛盾是从属于阶级矛盾的,只有稳固家庭关系,才能促进根据地生产的正常进行,从而促进革命的顺利开展。

其次,反对男尊女卑,主张男女平等。传统的家庭性别秩序是男尊女卑,妇女对家庭、社会的贡献几乎被无视。华中根据地通过宣传,使民众认识到妇女对家庭和社会的贡献,并指明妇女争取权利的办法。如在盐阜根据地有一首秧歌调《婆妈要翻身》写道:

谁说乌盆不算盆,婆妈妈的不是人,
我要问他这句话,他的根据是什么?
这全是,封建话,说出来,欺婆妈,
各位父老想一下,假使没得婆妈妈,
哪块有他说这话!
婆妈本事实在大,吃饭穿衣全靠她,
针头线脑不算数,锅头灶脑事情多。
天一亮,就起身,煮茶饭,弄针线,
麻烦事情全她做,直上一天忙到晚,
要想闲也不得闲。
婆妈要得不受罪,赶快参加妇女会,
自己起来求解放,读书识字学道理,
婆妈们,要翻身,反封建,反迷信,
反对把女人不当人,反对男女贵贱分,
从今以后讲平等。②

在盐阜区地区,传统社会妇女没有地位,许多人连名字都没有,未婚妇女有的叫“小丫”“大丫”,有的叫“小二子”“小三子”,已婚妇女则

①《泗沭十区一个月的妇女运动》,《苏北报》1945 年 12 月 26 日,第 1 版。

②董国忠:《婆妈要翻身》,《盐阜大众》1946 年 3 月 12 日,第 4 版。

把娘家和婆家的姓合起来,叫“××氏”。妇救会建立后,做的第一件事情就是帮助妇女们起名字。如一个小姑娘原名叫周小丫,妇救会给她起了个名字叫“看花”。还有个年轻的媳妇原来叫王刘氏,妇救会给她起名叫刘玉兰,她在回家的路上一直念着自己的名字,生怕忘了。回到家中,丈夫见她嘴里不停地叨咕“刘玉兰”,就奇怪地问:“刘玉兰是谁呀?”她眉飞色舞地说:“刘玉兰就是我呀!我今儿有了名字了,是妇救会给我起的!”妇女起名字不仅是为了方便,也是其地位提高的象征。

最后,鼓励妇女提高劳动能力,增强经济独立性。传统社会女性一般承担家务劳动,参加农业劳动的较少。根据地注重动员女性参加生产劳动,提高其在家庭经济上的贡献。1943 年 3 月 18 日通过的中共苏皖区委《苏南施政纲领》第十三条要求:“依据男女平等原则,从政治、经济、文化上提高妇女在社会上之地位,奖励妇女参加生产,发挥妇女抗战与生产的积极性,保护女工、产妇、儿童,坚持自愿的一夫一妻,妇女依法有财产继承权。”①

相对于华北和陕甘宁地区来说,华中根据地的妇女还是有较好的劳动习惯。江彤在《回忆淮北苏皖边区妇女工作》一文中提到淮北妇女参加劳动的情况:“妇女参加主要的农业劳动——一般农村妇女都参加农业劳动,除耕地由男子负担外,其他如锄地、插秧、割麦、担麦、扬场、打场等,妇女统统和男子一样操作。家庭吃用担水,喂牛养猪也多是妇女的事。因此负担之重,超过男子。”②有的妇女还从事商业贸易劳动。“农闲期间,集镇妇女和农村妇女,都有做买卖的,如贩卖粮食、食盐,跑估衣(收集半新半旧的衣服出售)等。”③华中地区的妇女

①中共江苏省委党史工作委员会、江苏省档案馆编:《苏南抗日根据地》,中共党史资料出版社 1987 年版,第 246 页。

②江苏省妇女联合会编:《妇女运动史资料》,1983 年内部编印,第 16 页。

③江苏省妇女联合会编:《妇女运动史资料》,1983 年内部编印,第 16 页。

参加劳动较多是由其经济结构决定的，由于人多地少，农业的过密化程度高，只有投入更多的劳力才能养活一家人。华中根据地妇女的劳动习惯更加便于妇女生产运动的推行。

淮海根据地大力提倡纺织运动，以增强妇女的经济自主性。“纺织运动的开展不但解决了穿衣问题，妇女还改变了原来依赖丈夫的从属地位。龙圩乡的张二嫂，是个出色的纺织积极分子，丈夫去世也很早，她带着四五个孩子，最大的只有十六岁，生活特别困难，每次到县里开会，衣着破烂不堪，连顶头巾也是借来的。她家大人、小孩首先响应纺织号召，可是买不起纺车。会长陆先进就向妇救会借了两台纺车，给她家纺了一个冬天，不仅贴补了全家开支，还买进了六台纺车（当时纺一斤棉花的纱，纺工费是一块白洋，快手一天可纺一斤）。1943 年初夏，县妇救会为了动员参军，召集全县妇女干部和积极分子开会时，张二嫂带着大女儿笑哈哈地走进会场，看见熟人就说：‘上次我到县里开会，全身上下没有一根布纱是自己的，这次我与女儿两人，从头到脚没有一根布纱是借别人的。’”①妇女通过参加生产劳动，不仅拓展了活动的空间，增加了自主婚姻的可能性，更创造了财富，减少了对家庭的经济依赖。

三、婚姻变革的影响

1. 妇女地位的提高

随着根据地婚姻新政的推行，妇女在婚姻上获得了一定程度的解放，其活动空间也大大拓展，担任的性别角色逐渐发生改变，妇女的地位得到明显的提高。

首先，妇女的家庭地位有所改变。皖江抗日根据地的无为县对于农村中男女不平等、丈夫打老婆的现象一般由当地妇抗会进行调解和

①江苏省妇女联合会编：《妇女运动史资料》，1983 年内部编印，第 40 页。

干预。刘芳在《抗战时期无为县妇女工作与根据地建设》一文中提道："哪家的男人打老婆，妇抗会就出面到哪家去讲理。到四五年我们北撤之前，整个根据地妇女都扬眉吐气，在家里不窝窝囊囊的，说话算数，夫妻和气，婆媳和睦，很少吵架怄气，这些涉及妇女切身利益的问题都是在妇女参加实际斗争过程中解决的。"①

其次，妇女的政治地位有所提高，参政意识增强。如在淮南抗日根据地的殿发乡，妇女积极参加乡选的选民登记。"当天有一个村子快要登记完时，一个头发半白的老太婆，从人丛中挤到主席桌旁来说：'同志啊！我家新媳妇再过几个月要来了，请你帮我替她登记在红纸上吧。'旁边的人都笑起来了，主席就笑嘻嘻地向她解释说：'既然没有娶来，那不忙！以后再登记好了。'这个老太婆是听了公民如何光荣的宣传后说的。"②

最后，妇女的经济地位也得以改善。新式婚姻法令实行后，妇女的经济、财产权益得到维护。在传统社会，家庭财富主要由男性掌握，女性没有土地、财产权。妇女也不能继承娘家财产，而要跟丈夫一起经营婆家的财产。对财产没有处分的权利，妇女也没有土地所有权，不能带产出嫁或改嫁。而华中根据地确立了妇女的财产权，在"土改"中，妇女纷纷立契。如盐东清恩区合尖村妇女陈俊英，"从小父母全死了，也没得兄弟，跟着叔爷过日子。现在陈俊英成人了，向叔爷要田。起先她叔爷狡赖，后首（后来）弄到区政府，区政府批评她叔爷不对，她叔爷才认错，当下签了字，把七亩田、房子二间、家中用物平分。陈俊英感动地说：'想来过去我们妇女罪真受够了，终年踩在脚底下过日子，没有出头，现在不是共产党民主政府在此地，帮助我们妇女出了

①安徽省妇运史资料编纂委员会编印：《安徽省妇女运动历史资料选编》（二），1984 年内部编印，第 135 页。

②曾山：《淮南路东殿发乡乡选实验的成功》，《淮南党刊》第 15 期，第 31 页。

头,怎能分到产业呢?'"[①]华中根据地的婚姻法令中也体现了保护妇女权利的原则。《淮海区婚姻暂行条例》第十七条规定:"妆奁为妻之特有财产,离婚时准其取回。"[②]第十八条规定:"男女一方因判决离婚如陷于生活困难,他方虽无过失,亦应酌给相当之赡养费。"[③]在农村,寡妇的财产权往往受到男方家族的侵害,江苏东南县保护妇女的合法财产不受侵犯。如"大兴区静成乡沈秀贞,丈夫病死后,夫家的兄弟要夺她的家产,赶她走。妇抗会出面据理力争,帮助她得到应得的继承权"[④]。在传统社会,由于土地分配制度极不合理,贫苦农民家庭财产极为有限,女性要争取财产权根本不可能实现。民主根据地建立后,经过"土改",废除了封建土地所有制,农民的土地、家庭财产都有大幅增加,广大妇女不仅在"土改"、清算浮财中发挥了重要作用,也在这个过程中为自己和家庭争取了更多的财产。

2. 家庭关系的变化

传统的家庭关系男尊女卑,讲究纲常伦理。婆婆压迫媳妇、丈夫打老婆成为家常便饭。根据地倡导建立平等的家庭关系,主张家庭和睦。如阜宁马集区周门镇组建了妇女秧歌队,经常调解家庭纠纷。"因为她们经常演出,影响了较落后的三马村的妇女也组织起秧歌队来。对本镇工作,也起了相当大的作用,解决了妇女的实际问题。如裴庆思的妈妈,为人很毒辣,她家的小媳妇今年才十六岁,常被她母子打骂,简直不得安身(生),庄上各人都说这媳妇可怜。秧歌队知道了,就派裴新华、裴学裘去她家劝说,她婆婆满口支吾,不讲情理。后来,去开会斗争她,才把理说清,小媳妇从此得到了解放。又有一回,卞炳

①《妇女该派有产权,陈俊英分到七亩田》,江苏省档案馆藏,档案号:GB-009-010-003。

②江苏省高级人民法院院志编辑室编:《江苏革命根据地法制文献选编(1941—1949)》,1988年内部编印,第161页。

③江苏省高级人民法院院志编辑室编:《江苏革命根据地法制文献选编(1941—1949)》,1988年内部编印,第161页。

④江苏省妇女联合会编:《妇女运动史资料》(4),1983年内部编印,第81页。

元要在夜里害女人,秧歌队知道了,就集体不睡觉,伏在卞家周围听候。当卞炳元要杀女人时,她们喊开门,同卞炳元讲道理。这样,又救了一条人命。所以,地方上有人说:'秧歌队真能干,她们比修行还慈悲呢!能关心人家的痛苦。'"①

所谓"家和万事兴",家庭成员之间需要展开必要的分工合作,才能使家庭正常运转,在传统社会,男性主要承担生产劳动的任务,而女性更多地承担育儿、料理家务等功能,此外,家庭副业也有赖于劳动力的合理分工。由于人均土地资源十分有限,家庭副业往往能弥补农业收入的不足,从而维持家庭的日常运行,而这一切的前提是,家庭成员之间要和睦,才能在经济和养育后代等活动中开展合作。淮北抗日根据地的陈圩乡提倡家庭和睦,提高家庭的生产效率。"因家庭不和而消极怠工生产不力的人,则解决家庭矛盾。所谓'家庭不和,只能喝汤,不能吃馍',而说服批评并用群众力量嘲笑他。"②华中根据地通过评选模范家庭来提倡家庭民主、家庭和睦。模范家庭的标准为:积极参加工作、学习,积极生产兴家,家庭成员团结和气。如淮安的三个模范家庭。"淮安嘉树区王庄,有三个是全区的模范家庭:第一个是王坤,家里有五亩田,夫妻两个,五个小孩子,一共七口过活。王坤是农会会长,姑娘参加秧歌队,老婆陈叔英是妇救会会长,一家子有什么工作全出力,没有一次落人后。有一次,他们夫妻两个一块开会,陈叔英当主席,王坤不开口,人家问他:'你为什么不作声?'王坤说:'我老婆当主席,我直行不好意思向她报告。'她姑娘动不动就拉住王坤,欢迎陈叔英唱歌。王坤说:'我同意呀!'她姑娘又说:'我们家选一个组长吧!'陈叔英说:'好呀!就选你当组长!'第二天她妈妈叫她去拾草,

---

①《两个妇女秧歌队》,苏皖边区政府华中文化协会主办:《江淮文化》(创刊号),第101—102页。

②《陈圩乡按户兴家计划及劳动互助》,《拂晓》第1卷第9期,1944年,第35页。见江苏省档案馆、南京师范大学抗战研究中心联合选编:《中华抗战期刊丛编》(15),国家图书馆出版社、南京师范大学出版社2015年版,第699页。

她说：‘我是组长，怎么要你分配工作？’王坤一家都很勤劳不怕吃苦，在村上威信很高。第二个是王德亮，家里七亩田，四口子过活，他本人是村指导员，老婆参加妇救会，妈妈参加老人指导团，弟弟是秧歌队队长，一家人很和气，斗争很大胆积极，生产也很勤苦。第三个是王照能，他家只有四亩地，四口子过活，他本人参加农会，老婆和妹妹都上识字班，参加秧歌队，妹妹还是队长，纺织在全区比赛得第一，老婆参加剧团。一家的工作和生产也都很出名。”①根据地新式家庭的主要特征是，妇女、子女在家庭中的地位上升，家庭成员之间在家庭事务上讲民主。根据地的家庭关系逐渐平等，父权制的影响逐步缩小。

3. 妇女积极参加抗战、拥军、生产事业

华中根据地婚姻习俗的变革，使被传统婚姻陋俗束缚的妇女身心得到了解放，她们获得了前所未有的活动空间，被解放的妇女纷纷投入抗战、拥军、生产事业，成为中共革命的重要推动力量。如淮南路东马圩区的妇女与男子一样参加农业生产劳动，为巩固根据地做出了贡献。“马圩区妇女劳动英雄高三姑娘能和男子一样地登上高树采桑，一样地耕田挑粮。”②

苏北抗日根据地沭阳的姑娘换姐不仅参加妇救会，当上了妇救会会长，而且还想动员她的未婚夫参军。“换姐和衣躺在床上，心里非常不舒服，心里想：‘我家不就没有办法光荣了吗？父亲年纪大了，我是女的。’她正恨自己为什么是一个女的呢，忽然想起了他——她的未婚夫——去年到他姨母家来时，我看见过的，黑黑的，很强壮的小伙子，一定很够条件的吧！可是，怎么办呢？一个姑娘，去找未过门的丈夫，是要被人家笑话的，不去的话，成年安稳地过日子，再没有一个人去参加，这就是忘了本了。而且，冯大娘还不是向我笑吗？人家的丈夫能去参军，我呢？人家还叫我是‘能干姑娘’呢，虽然是未婚夫也是丈夫

---

①《三个模范家庭》，《盐阜大众》1946 年 3 月 12 日，第 4 版。

②《淮南路东各县举行群英会》，《解放日报》1944 年 12 月 15 日，第 1 版。

呀，不去参军不是丢死人吗？我就怕冯大娘向我那样笑呵。凭良心说，我也要找他去参军呵。”[①]盐阜根据地的毛改英动员未婚夫参军：“张马乡妇女会会长毛改英同志保证动员未婚夫参军，两天来一共批准了廿三个参军英雄，其他还有哥哥送弟弟、姐姐送兄弟、女人送丈夫、叔子送侄子的十三人。”[②]中共中央东南局妇女干部章蕴回忆：“得到解放的妇女中有不少要求参军，特别是在家受压迫的年轻媳妇，对包办婚姻不满的姑娘们，经我的手就收下了好多人，后来不少人锻炼成为骨干，成为能干的女干部。”[③]妇女解放与革命事业相互借重，从传统婚姻、家庭中解放出来的妇女在抗战和革命的过程中发挥了重要的作用。

四、问题与不足

由于华中根据地的主要任务仍是军政建设，再加上推行婚姻新政的时间尚短，婚姻习俗变革中仍存在一些问题与不足之处。婚姻自由、妇女解放在一定程度上还要服从于革命的整体利益，因此，婚姻自由的实行还是有限度的。乡村的传统观念也制约着婚俗改革的力度，一些基层干部受父权制观念影响较深，未能正确执行新式婚姻政策；妇女的财产权未能得到完全的尊重，其活动空间也受到各种因素的限制，在一些民众中存在对婚姻政策误解与滥用的情况。如苏中抗日根据地如皋第一区的李芷英在姘夫亡故后又与前夫纠缠，索要生活费，因此前夫洪春龙登报申明。李芷英与洪春龙结婚后感情不睦，“芷英私逃姘配国桢为室之后，春龙亦与康氏结婚，后经登报周知，迄今十数年无异议，近因芷英姘夫亡故，叠向春龙发生争议，当经亲邻调解，由

①路：《能干姑娘》，《生活》1945 年 7 月第 7 期，第 58 页。

②尚正春、祝书高：《提高觉悟弄通时事，新街区竖起廿几面旗帜，兄送弟妻送夫大家争报名》，《参军快报》1948 年 12 月 9 日，第 1 版。

③江苏省妇女联合会编：《妇女运动史资料》(4)，1983 年内部编印，第 4 页。

春龙津贴芷英生活费银一千三百元以为彻底解决离婚手续,且后男婚女嫁各听自由,两不干涉,关于芷英生前赡养生后殡葬概与春龙无干”①。李芷英以私逃的方式抗争不和谐的婚姻本无可非议,但在双方都已再婚的情况下仍纠缠前夫,实为不明智之举,也不符合婚姻新政的精神。

五、小结

在华中根据地建立之前,该地还是流行传统的婚姻习俗。根据地创建后,在施政纲领和新式婚姻政策、法令中规定了婚姻自主、男女平等、一夫一妻等原则。通过妇救会等团体的推动,传统婚姻受到一定程度的冲击,新式婚姻开始出现,婚姻仪式和择偶观念出现一定程度的变化,妇女的家庭地位得以提高。在华中根据地,女权的争取并不仅仅是通过动员女性向父权制宣战实现的,妇女只有积极投身于民族、民主革命,在大的社会变革中才能从根本上提高自身地位。革命为妇女解放提供了重要的契机,从传统婚姻、家庭关系中被解放出来的妇女在革命与根据地建设中也逐渐发挥了重要的作用,成为中共民族国家建构的重要力量。由于各种因素的限制,华中根据地的婚俗改革并非尽善尽美,但成效是明显的。当前,在民间的婚姻习俗中,闹婚、天价彩礼等婚姻陋俗仍在一定范围内存在,由婚姻纠纷引起的社会矛盾也是影响社会稳定的因素之一,华中根据地对传统婚姻习俗改造的经验仍有现实的借鉴意义。

---

①《洪春龙、李芷英离婚启事》,《苏中报》1944年5月17日。

第六章　革命、传统与乡村社会：苏皖解放区婚姻习俗变革

抗战胜利后，华中抗日根据地的苏中、苏北、苏南、淮北四个解放区连成一片，于 1945 年 10 月 29 日成立了统一的苏皖边区政府。为了广泛地发动妇女参加“土改”、生产、拥军、支前等运动，中共积极推行妇女解放政策，组织了妇救会，颁布了一系列妇女解放的政策与法令，积极推动传统婚姻的变革。关于中共根据地与解放区婚姻变革的研究，近年来出现了不少成果。[①] 学者们论述了中共在根据地推行婚姻变革的成效及婚俗改革中传统与现代的冲突，但采用多元互动的视角来考察婚姻变革综合效能的成果尚不多见。婚姻本是一种生活安排，解放战争期间，随着社会的剧烈变革，婚姻形态也随之受到各种因素的影响。

苏皖解放区十分重视妇女动员，1945 年 12 月 9 日，《中共华中分局关于进一步开展妇女运动的指示》明确指出：“我们更要进一步巩固解放区，如果占华中人口半数——1200 万妇女，她们的政治生活、文化生活和经济生活没有基本改善，那是很困难的。”[②]1946 年 1 月 20 日颁布的《苏皖边区婚姻暂行条例》确定了婚姻自由的原则。1946 年 4

---

①主要成果有江沛、王微的《传统、革命与性别：华北根据地“妻休夫”现象评析（1911—1949）》［《四川大学学报（哲社版）》2014 年第 3 期］，岳谦厚、张婧的《抗日根据地及解放区女性婚姻关系解体时的财产权》（《中共党史研究》，2015 年第 3 期），杜清娥、岳谦厚的《太行抗日根据地女性婚姻家庭待遇及其冲突》（《安徽史学》2016 年第 3 期）等。

②中共江苏省委党史工作办公室、中共淮阴市委党史工作办公室编：《苏皖解放区》，1999 年内部编印，第 47 页。

月2日通过的《华中解放区第一次妇女代表大会决议》规定："蓄婢纳妾、抢亲、抢寡妇、杀女婴及私生子、虐待童养媳，贩卖人口等恶习惯，除通过各种有组织的群众和群众团体来进行宣传教育外，政府亦须明令禁止。"[①]这些法令和文件为解放区婚姻习俗的变革提供了依据。

一、革命的婚姻政策对传统婚俗的冲击

革命的婚姻政策对传统封建婚姻陋俗造成了剧烈的冲击，带来了乡村婚姻关系的巨变。传统社会，除了包办婚姻盛行以外，还存在纳妾、买卖婚姻、片面的贞操观念等婚姻陋俗。由于生活的贫困，一些女性被迫为妾，难以主宰自己的命运和婚姻。在苏皖解放区，买卖婚姻、纳妾等陋俗被革除，婚姻更多地反映了个人的意愿。为了吸引妇女参加和支持"土改"复查工作，解放区积极解除妇女特殊的痛苦，如阜宁的益林等地要求："运动中应结合解决妇女本身的，如包办强迫买卖婚姻、童养媳、打骂种种陋习，在土改运动翻身斗争中，提高妇女在家庭与社会上的地位。"[②]《苏皖边区婚姻暂行条例》也确定了婚姻自主的原则，其中第二条规定："婚姻之缔结，以男女双方自愿自主为原则，实行一夫一妻制。"[③]苏皖解放区新式婚姻法令的推行，使得解放区出现了自主婚姻的曙光。江苏如皋县童养媳袁美英在何庄周子芹家做丫头，老板想占袁美英做小老婆，她哭了三天三夜没有吃饭。解放军到来后，反动地主逃走，袁美英最终与隔壁家的雇工季远祥自由结婚。

一些妇女由于贫困被迫就范于买卖婚姻，在解放区建立后得到解救。江苏省溱潼县陈燮尧被地主霸占的老婆在"土改"后重新回家。

---

①中共江苏省委党史工作办公室、中共淮阴市委党史工作办公室编：《苏皖解放区》，1999年内部编印，第246页。

②张鸿志：《我们怎样纪念"三八"妇女节》，《新华日报（华中版）》1948年3月8日，第1版。

③朱耀龙、柳宏为：《苏皖边区政府档案史料选编》，中央文献出版社2005年版，第84页。

“十一号建良乡枪毙了恶霸刘金章，被刘霸占去的老聋子陈燮尧的老婆细巧儿和老聋子破镜重圆，老聋子今年已五十八岁，他老婆带家来只有三年，生了一个女儿就被刘金章霸占去做了小婆娘，同房有三十二年，女的今年也五十四岁了，公审大会上老聋子上台诉苦说：‘我替人家做大伙计，我妻挨（被）霸占去几十年，还有个姑娘挨他卖给人家，至今我没老婆。’当场四百多个人提出要老聋子家夫妻团圆，教女的当场表示态度。细巧说：‘我一定同我家聋子过日子，不欺他，如有欺他，你们拉我枪毙。’当下由贫农团长王进芳领导，放鞭炮送他夫妻家去。妇联会替细巧头上系一块红布。一路儿童团锣鼓欢送，晚上拾了豆腐吃了欢喜酒，还说喜话：‘毛主席教我来当家，恶霸才能打垮。’‘欢送老婆娘，回去生个小儿郎。’老聋子笑对大家说：‘我几十年的仇恨今天得到人民做主才报了，承大家帮助。’”①

传统社会，即使婚姻不美满，离婚也十分少见。苏皖解放区赋予女性离婚与解除婚约的权利。如江苏东南县海东区民本乡的何桂芬在民运工作队的帮助下，解除了旧婚约，走上了革命的道路。在苏中根据地海启县，有个叫邱安康的人在报纸上登离婚启事，与妻子离婚。1948 年《海启大众》报曾刊登了一则离婚启事：“本人在去年和北园乡东平村龚朝品的女儿龚兰如结婚，现因意见不合，双方都同意离婚，特此登报声明！启事人　邱安康。”②在苏皖解放区的农村，登报离婚还属于新鲜事物，但反映了民众婚姻观念的微妙变化。

在传统婚俗中，婚姻论财现象比较普遍，讲究门当户对。女性在择偶时大多愿意选择经济、家庭条件较好的人家。在苏皖解放区，妇女的择偶观念也发生了相应的变化。传统社会，由于农民受到地租及高利贷剥削，生活较为贫困，因此娶亲较为困难，很多男性农民成为单身汉。而减租减息政策和“土改”政策的实行，农民在经济上翻了身，

①顾种意、王年芳：《翻身报》1947 年 1 月 20 日，第 1 版。

②《离婚启事》，《海启大众》1948 年 3 月 5 日，第 2 版。

婚嫁率也有所提高。如宿怀县顾河区赵集乡崔保佃户李开渠，“种地主杨玉山八十多亩地，平时受尽虐待，辛苦如牛马，年成好，仅能维持最低限度的生活，若遇歉年，一家四口就要挨饿。自实行民主政府减租法令后，去冬减租得到两石多粮食（内芝麻六斗），因得以油推生产，剩下的油渣喂牛，现在光景一天比一天强起来，娶上了亲，还雇了一个小伙计帮着干活。佃户何长太种地主杨世祺九十亩地，家里有十几口人，弟兄六人均没讨老婆，减租后何长太花四万多块钱接了亲，老三卖糖球推油进行副业生产，生活也渐渐过好了”①。在苏中根据地的东台县，有一首《翻身谣》：“东西地，长又长，小三娶个大姑娘。在家能纺纱，下坡能帮忙。人人见了喜洋洋，都说小三命运强。小三摇摇头，不是命运强不强，亏了救命的共产党，要不是分到八亩东西地，哪有我小三娶的大姑娘。”②随着“土改”的推行，妇女在结婚对象的选择上由注重门第、财产转为主要注重男性劳动能力等自身因素。

二、婚俗变革中的冲突和制约

虽然新式婚姻法令对传统婚姻习俗造成了一定的冲击，引起了新的婚姻习俗及观念的萌芽，但是苏皖解放区婚姻习俗变革过程中也遇到种种制约因素，性别与阶级、传统之间出现了对立与冲突。苏皖解放区虽然提倡婚姻自主，但由于传统习俗的制约、社会经济条件的限制，以及革命与女权的复杂关系，婚姻自主的实现程度是有限的。

1. 性别与革命的冲突

妇女虽然在新政权的建构中获得了一定程度的解放，但她们也是革命动员中的重要的资源与对象。由于贫穷和乡村社会性别比例的

---

①《减租减息以后，淮北路西农民翻身，穷汉都能娶亲成家》，江苏省档案馆藏，档案号：GB－004001－008。

②《翻身谣》，《东台大众》1947 年 3 月 4 日，第 2 版。

失衡，很多贫苦男性无法结婚，而结婚成家、延续香火又是朴实的农民无法推卸的责任。中共的基层干部十分了解青年男性的这种心理，因此，在征兵中往往以帮助其结婚为承诺。如盐阜区的姚建女不断动员其未婚夫参军。“新街区南桥乡妇女委员姚建女同志，在区扩会上自动报名动员未婚夫参军，由区里回来后，自己就自动跑到她丈夫家去动员，她的未婚夫当时没有承认，以后又集中了六个妇女去帮助他动员，又没有成功，当天到夜，又把她未婚夫李永贵动员到乡里开会，首先全体乡干部替她打通思想，以后姚建女又当面对她未婚夫说：‘你这次去参军，我保证好好地到你家过日子。’乡干也接着对李永贵谈：‘你是一个青年，都没有你女人进步，你如这一回去参军的话，是最光荣的，你们夫妻二人都是光荣的，如不去的话，非但你一个人不光荣，而且你女人也不光荣。’经大家与他打通思想以后，李永贵思想搞通了一些，就说：‘我可以去，但我外面剩的些头，还有些账去把（给）哪个呢？’姚建女说：‘你去，只要开条子丢把我，甚么事都由我负责任，李永贵又说：‘我明年去吧，我本月十八好日子呢，东西都买现成了。’姚建女说：‘你不去参军，要结婚等到革命成功！’干部对他谈：‘如你这回去参军，我们今天就动员姚建女同志到你家去，不用花一钱钞就同你结婚。’结果双方都承认了，干部随时就替他借衣服礼物，当夜就结婚，刚刚桥子头有两个人家现成的轿子和婚礼，并且又是好日子，于是全体干部及妇女共四十二人送亲，结了婚，李永贵保证参军。”①所谓择日不如撞日，在参军动员任务紧急的情况下，妇女积极分子和乡村干部往往将结婚作为动员男性农民参军的条件，只要肯参军，彩礼与礼节可以一概简化，这对男性农民是很有吸引力的。在参军动员中，女性也发挥着重要作用，女性用与战士结婚，充当战士的贤内助来帮助与支持革命。

---

①《南桥乡姚建女同志反复动员未婚夫参军》，江苏省档案馆，档案号：GB－014－004－009。

为保证军人安心从事革命，苏皖解放区颁布了军婚保护条例和抗属优待条例，要求抗属保持对革命军人的贞节，并积极生产，解除军人的后顾之忧。1949 年 4 月 5 日颁布的《华中行政办事处、苏北支前司令部关于切实保障革命军人婚姻的通令》规定："凡系革命军人妻室，不论已婚或未婚，在未得其丈夫本人同意正式宣布离婚或解除婚约前，任何人均不得与其结合。"①保护军婚政策对于安定战士的人心，维护部队的稳定是完全必要的，但作为军属的妇女们却要独自承担生产与生活的重担。解放区不断宣传男性参军打仗，女性生产持家的模范，成为理想家庭组合的象征。如东台县唐洋区，"××乡杭开鹤同志，本来决定在廿四日结婚的，廿二号那天在乡干扩大会上，听了扩大武装的消息，便自动报名参军，他说：'我虽然在后天结婚，但不打走反动派我们也不得过好日子，我自愿参军。'第二天便由乡里送到区招待所，区里一了解这件事情后，立即在廿四号排队送他回来结婚，区政府区委会合赠大旗一面，上面写'丈夫参军保国，老婆生产兴家'。杭同志身戴大红花，还拿着一朵红花送新娘。杭同志张开嘴也只是笑，对招待员说：'今天费了你们大神，我只有参军到前方去多打反动派，来报答大家。'"②

在"土改"过程中，一些女性被动员嫁给积极分子、基层干部和贫农。"角斜区沿北乡××村村长陈宝山，家住离滩河口三节地，沿河口一里路，环境紧张时坚持斗争，平时做事认真，大公无私，去年土改中得田不足，生活没有改善，爷儿两个，住两间破丁头屋，名虽种了六亩田，都是黄猫儿走过看见背脊的忽地（贫瘠的土地），这次复查中贫雇农会上大家提出陈村长为我们吃苦，再叫他吃亏，说不过去，公议换三亩好地把他。会上有个贫农梅以苏，苦吃苦做，劳动起家，有个十七岁

①江苏省高级人民法院院志编辑室编：《江苏革命根据地法制文献选编（1941—1949）》，1988 年内部编印，第 200 页。

②王达：《丈夫参军保国，老婆生产兴家》，《东台大众》1947 年 4 月 1 日，第 1 版。

的惯宝儿姑娘,当场愿意许配把陈村长,乡长联夏同意,合家子贫雇农个个拍手称好,陈村长这次换到好田,又配婆娘,真是双喜临门。本村妇男老小都说:‘做人要学陈村长,不愁回来不怕没婆娘。’”①

在“土改”清算中,阜东县宋长标与被地主霸占的老婆重新团圆。“阜东县滨淮区河西乡新河村雇贫农宋长标,在清算大会上,夺回老婆,重新团圆。宋长标,过去受封建恶霸地主王如田压迫,老婆被王强占去做第三房小老婆,当时王出门时有几支长枪跟随,又与土匪勾结,宋不敢斗他,宋的一个五岁儿子因想母而死,弄得妻散子亡,只得负屈在心!八月十九日该乡召开四百余雇贫农大会,检查自己是否翻身,开展诉苦。宋长标连哭带诉说:‘我的老婆被恶霸王如田占去做三房妾,小孩子想娘死了,一家人就被他拆散了!’他的话激动了大家,一致怒吼:‘坚决要回来!’在大伙穷兄弟的帮助下,宋长标乃从封建恶霸王如田手中夺回自己的老婆,于是被迫隔离十年的夫妻又重新团圆。该乡群众闻之,无不欢腾奋发,纷纷备礼为之恭贺。宋长标家里忙得比初结婚时还要热闹。”②宋长标虽然从地主手中夺回了妻子,而作为女性,宋长标老婆成为革命的“战利品”,在家庭变故与政治浪潮中的感受,只有她本人知道。“婚姻在本质上就是一种民生安排,如果承载太多的政治意义则会越来越远离人性并导致自身崩溃。”③

2. 乡村传统习俗的制约

苏皖解放区虽然颁布了诸多新的婚姻政策、法令,提倡婚姻自主、男女平等。但是,农村主要的经济形态仍是小农经济,家庭是基本的经济单位,是支持中共革命的经济基础。中共在妇女运动中所强调的婚姻自由、男女平等、妇女经济独立等要求在一定程度上激化了性别

①《陈村长一门双喜》,江苏省档案馆藏,档案号:GB-017-016-022。

②《清算会夺回老婆,宋长标重新团圆》,江苏省档案馆藏,档案号:GB-006-006-009。

③岳谦厚、王亚莉:《女性·婚姻与革命——华北及陕甘宁根据地女性婚姻问题研究》,中国社会科学出版社2018年版,第78页。

矛盾与家庭矛盾。在婚俗变革实践中由于低估了乡村传统家庭的作用，过于强调妇女权益的做法使妇女工作站在男性的对立面上，很难获得民众的支持。实际上，性别矛盾与家庭矛盾大部分是可以调和的，妇女在反抗家庭压迫时并不能完全与家庭决裂。在小农经济的条件下，无论是基层干部、男性农民还是妇女本身并未从根本上摆脱封建礼教的束缚。婚姻自由政策仍受到乡村传统习俗的严重制约。如在苏北泗沭县，“过去很多丈夫是靠妻子吃饭的，然而丈夫，依然保持了他的特权，妻子仍守着‘夫唱妇随，嫁鸡随鸡’的老一套，因此今天不仅妇女思想上如此，群众的思想如此，即干部本身在思想上亦没有从精神上认识——不敢接近妇女，男女接触总不顺眼，对妇女工作无信心等”①。

泗沭县陈碾村在处理婚姻家庭纠纷、解除妇女痛苦时却受到男性及婆婆的阻挠。“首先村干部就推诿责任，他们认为这工作做不好，只告诉妇救干部说‘刘×的老婆是受苦对象’，之后别的就不问事了；同时又对客观情况估计不足，因而失败。当该村刘×妻子积极要求诉苦的时候，妇女干部去征求她丈夫（×合作社干部）的同意，哪知五更头他借卖布名义跑来家，以‘婆婆挨斗我脸没落（处）搁’‘和你离婚’‘我去参军’等话来威胁她，又说些甜言蜜语，加上婆婆说几句好话，结果第二天会上她便一口咬定‘我不受罪’，虽然当场有人证实了她受罪的事实，但是已经没有用了。”②男尊女卑的观念在民间仍根深蒂固，父权制在乡村社会影响远未消除。乡村男性干部既是中共政策的代言人与执行者，同时也是乡村社会中农民的一员，他们在处理婚姻问题时仍会受传统伦理观念及乡村人情关系的影响。

女性参加社会活动的权利仍受到很多限制，她们的活动空间还很有限。胡立珍在《淮海区妇女运动回忆》一文中谈道：“在发动妇女的

①《泗沭十区一个月的妇女运动》，《苏北报》1945年12月26日，第1版。
②《泗沭十区一个月的妇女运动》，《苏北报》1945年12月26日，第1版。

过程中,我们也曾经遇到过不少困难和阻力。敌人的造谣、破坏,使群众不敢接近我们,甚至把女儿、媳妇藏起来。几千年封建社会男尊女卑世俗偏见的阻碍,使许多家长们怕青年妇女开会散了心,不走正道;怕女儿自己找婆家;怕被带走;看不惯男女一起开会,说什么男女授受不亲。因此,开起会来常叫老太太当'代表',应付差事,拖青年妇女的后腿。"①

传统社会,女性在家庭中是不掌握财产权的,她们在经济上大多依附于男子。苏皖解放区在"土改"时明确规定妇女拥有产权,如1948年的《妇女问题讨论意见》提出,确立产权以后,姑娘与寡妇(出嫁、改嫁)或离婚者,土地可以变卖,农会与政府不得干涉。② 苏皖解放区虽然在政策上规定妇女可以带田出嫁,可以单独立契,但是遭到一些基层男性干部的阻挠,他们包办代替妇女写契,实际上等于一张空头纸片,妇女实际并未拿到产权。如苏北根据地张集乡在"土改"复查时,一些基层干部在给妇女立契时包办代替。"开始土复时,即号召要在复查中确立产权,小大姐出小契,大娘、大嫂并名写契,但仅在乡干部中布置,而未深入教育妇女群众,因此形成干部包办代替。例如桥槐村妇干挨家凑粮食与鸡蛋卖钱买契纸,自己找人将全村大小姐都写了小契,存在自己家里,汇报时说:'我这村妇女产权都确立了。'其实很多大小姐不知写小契这回事。有些虽然拿到契纸,但未指明地界。"③由于中国传统社会财产都是男性单系继承的,苏皖解放区在婚姻法令上虽然确立了男女平等的原则,但在民间,女性要得到并支配属于自己的财产并不容易。

①江苏省妇女联合会编:《妇女运动史资料》,1983年内部编印,第29页。

②江苏省妇女联合会、江苏省档案馆合编:《江苏省妇女运动史料选》,1984年内部编印,第334页。

③《泗沭张集乡复查中怎样发动组织妇女》,江苏省档案馆藏,档案号:GB－006－006－003。

3. 部分民众对婚姻自由政策的误解与滥用

传统婚姻陋俗绝非简单的一纸法令能够击破，新式婚姻政策、法令从颁布到被民众接受乃至自觉地实践需要一个宣传、教育的过程。

传统社会妇女受"三从四德"伦理的束缚，没有离婚的权利，根据地赋予女性婚姻自主的权利，允许自由结婚、离婚。但是，一些妇女却未能正确理解婚姻自由的意义，滥用婚姻自由的条文，导致一些社会矛盾。如"东南启西区妇联会虽然成立了好几个月，但是妇女工作一直没有做好，领导上把力量全部放在评分工作头上，认为运动结束了，妇女也就发动了，因此底下存在好多问题，都不会得到解决，像直本乡两个妇联主任，很不规矩，富农出身的朱兰芳，到丈夫施家（未结婚）骗到头绳衫、金环儿、布、豆等东西后，就要和施家离婚，夫家母子两个哭得伤心。当时农会解决，把骗的东西退出来，批准离婚，交把妇女会处理，一直到现在也不处理。像这样毛病的妇女干部很多，都没有严格处理，仍然在村里跑来跑去，参加演戏、出风头，群众很不满，妇女工作也做不好"①。按照《苏皖边区婚姻暂行条例》第十五条规定："婚约得请求解除，但不得以对方贫寒影响生活为理由。"②但在实际的婚姻过程中，嫌贫爱富的做法仍是部分女性应对生活的理性选择。

"土改"中，有些男性干部将婚姻与政治成分挂钩，借口老婆是地富成分而要求离婚。"有些同志本来对家庭那个老婆不满意，想'改组'，以前提出，组织不同意，现在可以'光明正大'地说：'我的老婆是地主成分，不能再同阶级敌人结合下去。'这些种种想法、做法的动机，都不是真正从党的利益出发，因此，真正这样做了也不能解决自己放

---

①《新民村妇女没发动，大家重选领头人》，江苏省档案馆藏，档案号：GB－004－015－008。

②朱耀龙、柳宏为：《苏皖边区政府档案史料选编》，中央文献出版社2005年版，第85页。

弃了地富思想。”[①]一些男性并未严格遵守“一夫一妻”制，也没有恪守婚姻伦理。比如东坎有些工人在生活改善后开始腐化。“东坎工人自从组织工会，增加工资，改善生活以后，各人都有穿有用。但是有些工人，跟着生活改善，也就腐化起来了，发生了嫖妓女……赌钱等不良倾向。单拿斛手工人(粮行里的工人)来说，总共二十人，嫖妓女的七人……，轧姘头的四人，赌钱的十一人。究其原因：(一)工会对他们教育不够，制度不严，纪律松懈；(二)被不好的环境带坏。总工会发现了这种情形，已在本月十八日开了一个会打通思想，预备纠正这不良倾向。”[②]由于新的婚姻政策、法令从颁布到宣传，为普通民众所理解、接受尚需时日，来源于“五四”妇女解放话语的婚姻自由政策与乡村社会并无直接渊源，一些民众对该政策的误解与滥用也导致了解放区婚俗变革中遇到了种种难题。

4. 地主富农将婚姻作为规避斗争、清算的手段

在“土改”时，有很多地主、富农的女眷通过与贫农和军人结婚的手段以规避清算斗争。面对“土改”斗争，妇女不都是听天由命的弱势群体，她们往往将婚姻作为应付突发状况，从而使家庭与财产少受冲击的形式，这样可以在阶级斗争中保护自己和家人免遭斗争以及财产免遭分割。对于地富女眷来说，通过与地方干部、战士、贫农结婚，就可以改变成分，或者利用建立起来的亲属关系而在“土改”风暴中减少冲击。对于贫雇农和农村中新上升起来的地方干部来说，由于其家庭经济状况并不宽裕，通过和地富女儿结婚改善家庭经济状况，解决娶妻的难题也很有吸引力。这种特殊条件下的婚姻形式并非出于完全自愿，而是为了应对生存的需要。这样的婚姻由于夫妻双方原本的生

---

①张澜秋、力生：《地主成分的干部对家庭应有正确的态度》，《新华日报(华中版)》，1948年3月8日，第1版。

②丁文贵：《东坎工会教育不够，有些工人生活腐化》，《盐阜大众》1946年3月21日，第2版。

活环境、思想观念的差异，结婚后往往会出现问题，比如夫妻不和睦，贫苦的男性难以养活原本养尊处优的女性，一些地富的女眷借口婚后感情不睦提出离婚或出走，导致男性人财两空。有的干部与地富女儿结婚后丧失阶级立场，包庇地主，使“土改”难以彻底展开。如“海启县博诚乡胛村塘儿（贫农）徐庙大，过去在东昌镇一直帮龚士华做工的，土改时分得两份田，反清乡时做民兵工作还好，就加入了共产党。反顽斗争中怕参军到交通站工作，后因腐化撤职回家，曾到乡站上工作，复查中评着塘儿，他就忘本了，要找封建苏庙林的女儿做老婆，包庇苏庙林，农会里不准，他就说：‘我情愿勿翻身一定要她做老婆的。’后在党员大会上教育他，还是不肯改好，结果大家把他开除出党，叫他好好反省”①。1948 年，海启县新权乡：“在复查中，发现很多干部，受地主富农勾引，毫无立场地和地富女儿、小老婆结了婚，以后就都工作消极，甚至阻碍复查。如该乡翻身副主任张钱坤，原来工作很好的，自和封建富农陈大邦的寡妇媳妇结婚后，大家都不睬他了。安康村贫农陆秀来在去年十二月讨了张家仓大地主祥粮户的小老婆后，工作勿高兴做了，开会也勿来了。民兵大队长黄进才，和地主袁粮户的女儿结婚后，也勿高兴做工作了。今年正月里，黄进才又突然死了。此事是十分值得怀疑的。文连村赤贫施老大，原来斗封建很得力的，讨了樊家富农的女儿做媳妇，第二个儿子又和富农人家订了婚后，不但工作勿积极，相反破坏复查。在斗封建时，他是吵闹会场的主角，又恐吓村复查主任陈维良说：‘你是好小孩，不要上工作队当，将来工作队走了，你要倒霉的。’最近还有很多的地富女儿，秘密和贫雇农订婚，地富用这种毒辣手段，来腐蚀麻痹我干部群众，值得大家注意的。”②在“土

①杨静源：《塘儿徐庙大忘了本，要讨封建女儿做老婆》，《海启大众》1948 年 3 月 17 日，第 2 版。

②蔡云、钱兰娜：《封建用女人来勾引，新权乡干部没立场上了当》，《海启大众》1948 年 3 月 17 日，第 2 版。

改”政治斗争的背景下，地富成分的女性通过“下嫁”贫雇农来规避政治斗争的做法与婚姻自由的宗旨并不相符。

三、婚姻政策的调适办法

新的婚姻政策、法令颁布后，在民间普遍落实，并非易事。由于解放区主要的任务仍是军事斗争，婚姻自主、妇女解放仍是有限度的。不同阶层、身份的民众对新式婚姻法令并非一概遵从，他们以各种方式进行应对，从而使婚姻政策的具体落实与文本规定存在较大差距。为了切实推行婚姻新政、实现妇女解放，华中解放区采取了一系列措施，消除婚姻新政推行中的阻力。

1. 从妇女的切身利益出发，充分发动妇女争取权利

针对地方干部不愿意给妇女地权的做法，泗沭张集乡“在全乡复查深入一步时，在妇女干部中提出，必须深入发动妇女，确立产权，纠正上列现象。先通过农会召开家长会议，打通思想，提出：‘不给闺女地，出嫁受人罪，做父母的也心头难受。’从他们切身利益来动员。再召开小大姐会，提出‘现在不要契，到人家穿吃不能当家’这一口号来打通思想，组织要契小组到各人家庭要契，并指明地界。由要契小组亲自参加清丈。当时要契情绪高涨，张圩村张二姐不要家里给她孬地，找要契小组一块去交涉换得好地。在确地界时，许多小大姐都亲自慎重地砸上‘武夫灰’和‘麻面蒲’。在整个发动妇女写契过程中，以小大姐和寡妇出小契为主，对一般结婚妇女则未强调。全乡小大姐有小契的共一八〇人”①。在传统社会，虽然有重男轻女观念，但也是迫不得已，因为农民的财产极为有限，如果家境尚可，农民还是愿意给女儿一些陪嫁的。所以，单纯强调性别矛盾无益于问题的解决，只有打通思想，做好工作，并发动女性主动地争取自己的权益，才能维护女

①《泗沭张集乡复查中怎样发动组织妇女》，江苏省档案馆藏，档案号：GB－006－006－003。

性在婚姻家庭中的合法财产权益。

2.鼓励妇女参加生产

为了解决妇女解放与家庭利益的矛盾，中共在“四三决定”中就对妇女政策进行了调整，要求妇女积极参加生产，增进家庭和睦，使妇女特殊利益与家庭利益、革命利益相一致。解放战争时期，苏皖解放区进一步要求妇女积极参加生产劳动，以争取自身解放。如《华中解放区第一次妇女代表大会决议》要求：“发挥广大农村妇女的劳动生产热情，并提高劳动能力，身体强壮的青年妇女应打破习惯限制，学会掌犁掌耙以提高经济地位，增进妇女福利。”[①]该决议指出：“广大农村妇女因经济不能独立，往往为了买针买线和副业生产原料及成品销售，引起不少困难和家庭纠纷。”[②]许多家庭矛盾，如婆媳矛盾、夫妻矛盾表面上属于代际矛盾、性别矛盾，实际上根本原因在于生活的贫困。因此，女性积极参加生产，改善家庭生活有利于缓解家庭矛盾。苏皖解放区通过组织合作社，发展副业生产，如做鞋子，打斗笠，编草帽、扇子、蒲包等，或组织鸡蛋会得到收入换取日用品。清江市的许多女性家长，因为她们的女儿参加鞋业合作社等生产组织，常常买粮食回家，她们都说：“现在女儿真有用，我不是生得女儿好，哪里有饭吃？”[③]妇女参加生产劳动，获得了收入，也使婆婆和丈夫重新认识了她们在家庭中所起的作用，这对于改善妇女家庭地位是有积极意义的。

3.加强正确的婚姻观念教育

为了使民众正确地理解新式婚姻政策、法令，推动文明婚姻习俗，苏皖解放区在民间积极开展正确的婚姻观念教育。如开办妇女识字

①中共江苏省委党史工作办公室、中共淮阴市委党史工作办公室编：《苏皖解放区》，1999年内部编印，第239页。

②中共江苏省委党史工作办公室、中共淮阴市委党史工作办公室编：《苏皖解放区》，1999年内部编印，第239页。

③吴云峰：《华中革命根据地婚姻习俗变迁研究》，黄山书社2017年版，第213页。

班、民校，进行识字明理教育，“进行正确男女关系的教育”[①]。《华中解放区第一次妇女代表大会决议》提出妇女文化教育的内容就包括“妇女卫生、保婴知识、婚姻问题、恋爱观、女权问题等”[②]。东县五汛区就积极对妇女开展教育，使妇女们懂得了男女平等的道理。“五汛区河东村妇女为求得自己的真正解放，遂组织妇女学习小组，日里做生活，晚上到村里去上课，并自带灯油。她们说：‘我们要与男人们肩并肩，我们的头脑就要开化开化，懂得些大道理才对。’”[③]启西妇女筹备会讨论妇女要翻哪几种身，其中就包括文化翻身：“识字懂道理，要能做到会话会写，和男人一样。”[④]通过对新式婚姻、家庭观念的宣传，使妇女摆脱了传统婚姻观念的束缚，有利于自觉接受与践行新的婚姻理念。

4. 反对压迫与维护家庭和睦相结合

中共在坚持婚姻自由、妇女解放的过程中遇到了乡村父权制残余的种种抵抗，而争取战争、革命胜利的大局又决定了性别矛盾要服从于阶级矛盾。因此，中共在解决妇女婚姻家庭问题时，将维护妇女权益与促进家庭和睦相结合。如泗沭县十区“接受陈碾村的经验，当即召开干部会议研究，岳其济同志不但认识了以前的错误，同时积极地提出实验丁唐村小组。干部老婆带头参加掀起热潮，同时更缜密地了解和教育最受苦的妇女，培养成积极分子，在小组里讨论并解决了‘斗争后会不会离婚’‘是不是没法收局’等问题。因此唐大尧的童养媳，勇敢要出头诉苦，她的家庭知闻，同样也给以威胁和利诱，‘婆母大骂二天，大门不给站，抱一趟草，一家眼珠跟着转，这是硬的手段。上街

①中共江苏省委党史工作办公室、中共淮阴市委党史工作办公室编：《苏皖解放区》，1999年内部编印，第239页。

②中共江苏省委党史工作办公室、中共淮阴市委党史工作办公室编：《苏皖解放区》，1999年内部编印，第243页。

③无忌：《活跃在各县的妇女》，《苏北报》，1945年11月5日，第1版。

④《启西妇筹会第三天》，《复查》1947年12月，第39期。

拿布替她做褂裤，买挂面来暖她心，这是软办法’。但是没有用了，她下决心‘宁在刀口死，不在刀背亡’，不过她已经给关在家里了，不准接触干部，家庭企图使她失去外援，以使其妥协，但由于组织的周密，她们旁有名劝夫归队的孙二姐，便经常去鼓励她。同时向她更进一步提出保证：‘今后没罪受，你要离婚，我们完全负责。’因此她坚持下来，直到说理大会。在这样一个酝酿阶段中，发现了积极分子一百五十人，她们在大会上有组织地发言，更保证了说理大会的成功。同时在会后的善后处理、劝慰和解说，使双方都能取得团结，也是大会的重要收获”①。坚持政治与伦理的统一使妇女工作获得了有效进展：“这一斗争的胜利轰动了全区妇女，他们已经初步认识了妇救会的力量，因而掀起十八村的妇女积极要求并进一步进行说理的热潮，结果都一一获得胜利的解决，里仁镇阎学明的老婆、严□先生儿媳妇、樊苏村樊家儿媳妇等均在各个说理会上诉苦，并谋得解决，各家长均具结保证不再虐待。同时陈碾村庄施氏逼死八十三岁老婆婆，周和村周××与妻子虐待老娘也遭到了斗争。这一般认为把妇救会单纯解决儿媳妇痛苦的错误观点完全打破了，更促进了妇女工作的开展。”②妇救会不仅仅解除媳妇的痛苦，也反对虐待老人，提倡家庭和睦，建立平等互敬的家庭关系，得到了民众的认同。

5. 规定成分划分的方法，教育干部与贫雇农站稳阶级立场

为了防止地富女眷通过与基层干部或贫雇农结婚的方式来逃避“土改”斗争，苏皖解放区针对妇女婚嫁问题制定了划分阶级成分的标准。“如何划成分：甲、嫁给贫雇农三年，可根据其本人情况，改变其成分。乙、地主女儿嫁于贫雇农五年者，可改变成分。这以上两种情况，

①《泗沭十区一个月的妇女运动》，《苏北报》1945年12月26日，第1版。

②《泗沭十区一个月的妇女运动》，《苏北报》1945年12月26日，第1版。

所以如此规定，因为三年至五年，已改造她劳动了。”①通过对地富女眷在贫雇农家庭中的改造，可以在废除封建土地所有制的同时，实现对地主、富农本身的改造。此外，中共还不断地提醒与教育干部及贫雇农站稳立场，不要为地富所迷惑。如《海启大众》就告诫战士不要跟地富女儿结婚，以免被其麻痹。“最近有许多地富，把女儿嫁给贫雇农和战士进行迷惑麻痹拖尾巴，削弱群众、战士斗志，前几天有两个抗属到部队里来拖儿子尾巴，要和地主的女儿结婚。九连住在北花家仓时，两天中来了十多个抗属，倒有八个和儿子谈着准备和地富女儿结婚的事情，弄得战士思想上很活动。所以我建议各地干部、贫雇农要站稳立场，不要和地富女儿结婚，以免上当。”②海启县烈士乡的翻身主任洪灿先“开头工作很积极，表现得蛮好，后因有个富农还乡团尹国瑞（聚星镇被俘过来枪毙的）老婆，勾引迷惑他腐化。沈灿先上了她当，就姘了她住在一起，在斗封建中就包庇她，在胜果中又偷了两担黄豆给她办年事。工作也不积极了。群众看了非常不满意，在十六号就开了贫雇中农教育大会。大家向他提出很多的意见说：‘你过去多少苦，做了二十多年小工，漂流在外边，受尽封建地主的剥削和压迫，现在靠了共产党翻了身，你就忘本起来，和还乡团女人轧姘头，你想可惜不可惜？’沈灿先给大家一讲，自己悔悟到上了封建的当，就表示决心说，以后坚决向封建斗争，不再犯错误，将来还有希望，就只把他主任的职务免掉”③。通过明确划分阶级成分的方法及对贫雇农干部开展教育，解放区有效制止了地富利用婚姻逃避斗争的做法。

---

①江苏省妇女联合会、江苏省档案馆合编：《江苏省妇女运动史料选》，1984 年内部编印，第 335 页。

②周范、尚明：《站稳立场不和地富女儿结婚！》，《海启大众》1948 年 3 月 17 日，第 2 版。

③宋汗飞：《沈灿先上了封建当，群众把他救出泥坑》，《海启大众》1948 年 3 月 14 日，第 2 版。

四、小结

为了发动广大妇女支持解放战争与“土改”运动，苏皖解放区颁布了一系列婚姻法令和新政，对传统婚姻习俗起了一定的冲击作用，解放区民众在一定程度上受到了新式婚姻的洗礼。但新的婚姻法令和观念要为民众接受尚需时日，婚姻习俗的变革受到了种种因素的制约，性别与革命、乡村传统存在复杂的矛盾纠葛，部分民众未能真正理解婚姻自由的理念，对新式婚姻法存在误解与滥用的现象，地主、富农阶层的女性面对“土改”与政治风暴，往往将婚姻作为规避斗争的手段。面对婚姻自由政策在执行中的诸多问题，苏皖解放区对妇女、婚姻政策进行了调整，协调女权与革命利益的关系，鼓励妇女参加生产劳动，缓解家庭与性别冲突，加强新式婚姻政策的宣传教育，提倡家庭和睦，在婚姻关系中制定阶级划分的方法，对干部与贫雇农开展阶级立场教育。通过种种努力，苏皖解放区有效保证了婚俗变革的实施，动员了广大妇女参与“土改”、支前、拥军，有力地支持了解放区战场。

参考文献

（一）图书

安徽省妇运史资料编纂委员会:《安徽省妇女运动历史资料选编》(一),1983 年内部编印。

安徽省财政厅、安徽省档案馆编:《安徽革命根据地财经史料选》(二),安徽人民出版社,1983 年版。

北京新四军暨华中抗日根据地研究会淮北分会、江苏省泗洪县新四军历史研究会编:《邓子恢淮北文稿》,人民出版社 2009 年版。

陈顾远:《中国婚姻史》,商务印书馆 2014 年版。

丁世良、赵放主编:《中国地方志民俗资料汇编》,国家图书馆出版社 2014 年版,第 8 册。

鄂豫边区革命史编辑部编:《鄂豫边区抗日根据地历史资料》(群众工作专辑),1985 年内部编印。

房列曙:《安徽敌后抗日根据地社会史研究》,安徽人民出版社 2007 年版。

费孝通:《江村经济——中国农民的生活》,江苏人民出版社 1986 年版。

耿化敏:《中国共产党妇女工作史(1921—1949)》,社会科学文献出版社 2015 年版。

韩廷龙、常兆儒编:《中国新民主主义革命时期根据地法制文献选编》,中国社会科学出版社 1981 年版。

华中抗日根据地和解放区工商税收史编写组:《华中抗日根据地和解放区工商税收史料选编》(上),安徽人民出版社 1986 年版。

江苏省地方志编纂委员会编:《江苏省志·审判志》,江苏人民出版社 1997 年版。

江苏省档案馆编:《红色记忆——江苏省档案馆馆藏革命历史报刊资料选编(1918—1949)》,东南大学出版社 2014 年版。

江苏省妇女联合会、江苏省档案馆合编:《江苏省妇女运动史料选》,1984 年内部编印。

刘瑞龙:《刘瑞龙淮北文集》(上卷),中共党史出版社 2005 年版。

马洪武:《新四军和华中抗日根据地史料选》第 4 辑,上海人民出版社 1987 年版。

江苏省档案馆、南京师范大学抗战研究中心联合选编:《中华抗战期刊丛编》(15),国家图书馆出版社,南京师范大学出版社。

刘清波:《中共的婚姻法》,台北商务印书馆 1983 年版。

彭雪枫:《彭雪枫军事文选》,解放军出版社 1997 年版。

睢宁县妇女联合会编:《睢宁县妇女运动史料(1919—1949)》,1991 年内部编印。

豫皖苏鲁边区党史办公室编:《淮北抗日根据地史料选辑》第 3 辑第 1 册,内部资料 1984 年。

岳谦厚、王亚莉:《女性·婚姻与革命——华北及陕甘宁根据地女性婚姻问题研究》,中国社会科学出版社 2018 年版。

豫鲁苏皖边区党史资料征集编研办公室编:《淮北农村调查》,1984 年内部编印。

豫皖苏鲁边区党史办公室编:《淮北抗日根据地史料选辑》第 5 辑,1985 年内部编印。

张念:《性别政治与国家——论中国妇女解放》,商务印书馆 2014 年版。

张文灿:《解放的界限——中国共产党的妇女运动(1921—1949)》,中国政法大学出版社 2013 年版。

张爱萍:《张爱萍军事文选》,长征出版社 1994 年版。

中共河南省委党史工作委员会编:《豫皖苏抗日根据地》(二),河南人民出版社 1990 年版。

中共中央文献研究室编:《毛泽东文集》第 2 卷,人民出版社 1993 年版。

中华全国妇女联合会妇女运动历史研究室编:《中国妇女运动历史资料(1945.10—1949.9)》,中国妇女出版社 1991 年版。

中国人民解放军历史资料丛书编审委员会编:《新四军·参考资料》(1),解放军出版社 1992 年版。

中国人民解放军历史资料丛书编审委员会编:《新四军·回忆史料》,解放军出版社 1990 年版。

中共中央文献研究室编:《毛泽东文集》第 2 卷,人民出版社 1993 年版。

中共安徽省委党史工作委员会编:《淮北抗日根据地》,中共党史出版社 1991 年版。

中共江苏省委党史工作委员会、江苏省档案馆编:《苏南抗日根据地》,中共党史资料出版社 1987 年版。

中共江苏省委党史工作办公室、中共淮阴市委党史工作办公室编:《苏皖解放区》,1999 年内部编印。

朱超南等编:《淮北抗日根据地财经史稿》,安徽人民出版社 1985 年版,第 166 页。

朱耀龙、柳宏为:《苏皖边区政府档案史料选编》,中央文献出版社 2005 年版。

(二)革命报刊

《拂晓报》《东台大众》《复查》《苏北日报》《如皋大众》《参军快

报》《淮海报》《海启大众》《盐阜大众》《新华日报(华中版)》《苏中报》《生活》《政府工作》《拂晓》《淮南党刊》。

(三)档案

《边区第五次行政委员会决定秋季征粮办法,并通过救灾禁酿提倡纺织等要案》,江苏省档案馆藏档案,档案号:GB-009-060-014。

《陈村长一门双喜》,江苏省档案馆藏,档案号:GB-017-016-022。

《渡军井区开妇代会,搞通妇女认为命苦思想》,江苏省档案馆藏档案,档案号:GB-015-005-021。

《合南村成立妇联会,张慧芳季二姐当选村代表》,江苏省档案馆藏档案,档案号:GB-020-015-011。

《减租减息以后,淮北路西农民翻身,穷汉都能娶亲成家》,江苏省档案馆藏,档案号:GB-004001-008。

《南桥乡姚建女同志反复动员未婚夫参军》,江苏省档案馆,档案号:GB-014-004-009。

《泗沭张集乡复查中怎样发动组织妇女》,江苏省档案馆藏,档案号:GB-006-006-003。

《土复中做好妇女工作》,江苏省档案馆藏档案,档案号:GB-016-032-030。

《新民村妇女没发动,大家重选领头人》,江苏省档案馆藏,档案号:GB-004-015-008。

《糟蹋了女雇工还叫他下乡收租》,江苏省档案馆藏,档案号:GB-015-014-024。

《在三八妇女节的大会上,陈玉兰同志诉苦》,江苏省档案馆藏,档案号:GB-009-072-010。

(四)论文

杜清娥、岳谦厚:《太行抗日根据地女性婚姻家庭待遇及其冲突》,

《安徽史学》2016 年第 3 期。

范红霞:《战争、妇女与国家——以华北抗日根据地农村妇女角色建构为中心》,《山西师大学报(社科版)》2015 年第 4 期。

李军全:《军事动员与乡村传统:以晋察冀抗日根据地优待抗属为例》,《历史教学》2011 年第 1 期。

刘琳:《晋绥抗日根据地妇女纺织运动研究》,太原理工大学 2019 年硕士论文。

刘萍:《对华北抗日根据地妇女纺织运动的考察》,《抗日战争研究》1998 年第 2 期。

宋弘:《晋察冀抗日根据地的妇女自卫队》,《党的文献》2019 年第 2 期。

汪效驷、李飞:《陕甘宁边区优属政策及其实施效果》,《湖南农业大学学报(社科版)》2013 年第 5 期。

王微:《传统、革命与性别视域下的华北妇救会》,《中共党史研究》2015 年第 2 期。

王微:《树典立英:华北抗日根据地女劳动英雄的形塑》,《中华女子学院学报》2017 年第 5 期。

岳谦厚、王斐:《妇救会与中共婚姻变革的实践——以华北革命根据地为中心的考察》,《中北大学学报(社科版)》2015 年第 2 期。

岳谦厚、张婧:《抗日根据地及解放区女性婚姻关系解体时的财产权》,《中共党史研究》2015 年第 3 期。

张晓玲:《抗战时期晋绥边区的家庭手工纺织业》,《中国经济史研究》2016 年第 5 期。

(五)海外论著

[美]罗莎莉著,丁佳伟、曹秀娟译:《儒学与女性》,江苏人民出版社 2015 年版。

[英]艾华著,施施译:《中国的女性与性相:1949 年以来的性别话语》,凤凰出版传媒集团、江苏人民出版社 2008 年版。

[英]班国瑞(Gregro Benton):《华中与华北抗日根据地之比较》,冯崇义、古德曼编:《华北抗日根据地与社会生态》,当代中国出版社 1998 年版。

[美]菲利斯·安多斯(Phillis Andors):《未完成的中国妇女解放》(*The unfinished Liberation of Chinese Women*)(Indiana University Press,1983)。

[美]黄宗智:《长江三角洲小农家庭与乡村发展》,中华书局 2000 年版。

[美]杰克·贝尔登:《新型的人民军队》,中国人民解放军历史资料丛书编审委员会编:《新四军·参考资料》(1),解放军出版社 1992 年版。

[美]杰克·贝尔登著,邱应觉译:《中国震撼世界》,北京出版社 1980 年版。

[美]凯·安·约翰逊(Key Ann Johnson):*Women, Family and Peasant Revolution in China*,Chicago: University of Chicago press,1983。

[澳]马尔科姆·沃特斯著,杨善华等译:《现代社会学理论》,华夏出版社 2000 年版。

[法]西蒙·波伏娃著,李强译:《第二性》,西苑出版社 2004 年版。

[美]阎云翔著,龚小夏译:《私人生活的变革:一个中国村庄里的爱情、家庭与亲密关系(1949—1999)》,上海书店出版社 2006 年版。

后　记

中共领导的根据地与解放区的妇女、家庭、婚姻等问题是社会史研究的重要领域之一。从读硕士期间，我就开始关注新四军和华中抗日根据地的相关论题；读博期间，我的研究论题是华中革命根据地的婚姻习俗变迁。博士毕业后的几年，主要研究领域仍是抗日根据地社会生活史，申报获批教育部人文社科研究青年基金“革命、女权与传统视域下的华中根据地婚姻习俗变迁研究”。在研究的过程中，资料是最基础的工作，为了查找反映妇女解放、根据地家庭、婚姻等问题的资料，我多次跑了国家图书馆、江苏省档案馆、南京图书馆、安徽省图书馆等。在延安大学考察期间，又利用晚上休息时间，到延安大学图书馆拍摄了《边区群众报》等报纸。在《苏中报》上，我惊奇地发现居然刊登有许多结婚、离婚启事，这表明：在根据地乡村，婚姻自由政策对民众确实产生了广泛的影响。丰富的史料，为研究的开展提供了可能。

研究方法与视角对学术的创新极为重要，近年来，感觉对我影响最大的是“新革命史”的理论与方法。如：注重革命政策与具体实践的互动关系，挖掘基层社会和普通民众的主体性，革命史与乡村史的结合，加强区域和层级间关系的研究，从全球史视野研究中共革命。

2017 年 9 月到 2018 年 7 月，我在南开大学访学近一年，跟随李金铮教授系统学习了“新革命史”的方法，并结识了很多学术上的师友。李老师的研究方向主要在社会经济史方面，但其方法对我同样很有启发。根据地的妇女解放政策、婚姻家庭政策在具体执行中，也会与传统的社会习俗、民间的习惯相互作用，在妇女动员、婚俗改造过程中革命、性别、传统之间存在复杂的互动关系。不同的根据地之间，民众的经济生活状况、文化习俗各不相同，社会改造的措施也各有特点和差异。研究根据地时期的妇女解放、婚姻问题，不能局限于短时段，而应考察这些风俗的来历、产生的原因，与农民经济生活的关系，比较根据地创建前后，风俗有哪些变化，哪些被保留了，改造的程度与效果如何，这样才能更好地理解妇女在革命与社会变革中的角色、地位、作用，才能理清妇女解放与民族解放的关系。

在 2017 年，我出版了第一本专著《华中革命根据地婚姻习俗变迁研究》（黄山书社出版），该书对华中革命根据地的婚姻政策、法令及婚姻变革的实践进行了较为深入的论述，对婚姻变革中的各种冲突因素进行了分析。该书在学术界引起一定关注，特别是在华中根据地的婚姻史研究方面做了一定的尝试。但是在稍感欣慰的同时也感觉该书还有明显的不足，就是对政策法令的解读过多，而在民众的婚姻案例的收集上略有欠缺。近年来，我仍关注性别史的研究，除了根据地的婚姻变革外，还对妇女动员、抗属生活、“土改”中的妇女、妇女纺织等问题作了认真思考。当然，笔者对华中根据地的经济、社会史还有其他问题的研究，近年来也小有收获。这得益于同行、师友及期刊编辑们的支持与帮助，无论是批评还是信任都让我心存感激。

博士毕业后，我又回单位从事教学工作。虽然日常的教学、工作任务相当繁重，但学问一直不敢丢。没有时间打“持久战”，“游击战”仍可以积少成多。学术之路并非一帆风顺，尽管一直很努力，但是由于资质愚钝、学识有限，还是留下不少遗憾。幸而能保持一颗求知之心，学无止境，坚信天下没有白费的努力。

吴云峰
2020 年 2 月于黄山学院